기다리지 못하는 자의 복가
기다리는 자에게 이전된다.
행복하시고 건강하시고 대박나세요!

　　　저산고팜　　G진민

투자를 잘한다는 것

일러두기

- 이 책은 한글 맞춤법 통일안에 따라 편집하였습니다. 의미 전달을 위해 허용 범위 내에서 표현한 것도 있습니다.
- 최근 바뀐 외래어 표기법에 따라 정리하였으나, 몇몇 이름과 용어는 사회에서 더 많이 통용되는 것으로 정리하였습니다.
- 이미 국내에 출간된 도서는 책 제목을 적었고, 출간되지 않은 도서는 번역문 뒤에 원문을 같이 표기하였습니다.

INVEST.

투자를 잘한다는 것

배진한 지음

MIND

슈퍼개미에게 직접 배우는 성공 투자 핵심 비법!

이레미디어

투자를 잘한다는 것

얼마 전 인터넷 뉴스 기사를 통해 대한민국의 산업화와 경제발전을 견인했던 포스코의 제1고로가 48년 만에 퇴역한다는 뉴스를 접했다. 50년 전 이 고로의 공사를 총지휘했던 당시 박태준 사장이 "조상의 핏값으로 짓는 제철소 건설에 실패하면 우리 모두 우향우 해서 영일만에 빠져 죽어야 한다"라는 말씀은 유명한 일화다. 그리고 4년간의 긴 공사 끝에 1973년 6월 9일 오전 7시 반, 첫 쇳물이 쏟아지자 박태준 사장을 비롯한 임직원들이 '만세 삼창'을 하였던 사진은 지금도 내 가슴을 짠하게 한다.

그때 박태준 사장이 주창한 캐치프레이즈가 "제철보국"이었다. 산업의 쌀이라고 할 수 있었던 '철' 없이는 자동차, 조선, 건설, 기계 등 아무것도 할 수 없었기 때문에 '제철산업이 나라를 부강하게 만든다'고 확신했던 것이다.

이 책은 실전 투자의 고수 배진한 대표가 본인의 실전 경험을 바탕으로 심혈을 기울여 적은 책이다. 시중에 나와 있는 수많은 '주식 관련 서적'의 대부분이 '실전 경험에 의한 필살기'는 담겨져 있지 않고 '주식 투자에 관한 원론적인 서술'이나 '그럴싸한 엉터리 매매기법'을 나열한 것에 반해 배진한 대표는 본인의 투자 철학과 원칙, 투자의 기술, 투자의 구체적 방법론을 아주 자세하게 서술해 놓았다. 나는 이 책의 추천사를 쓰기 위해 책을 읽다가 배 대표의 깊은 통찰과 내공에 감탄하며 한달음에 전부 읽었다.

책의 앞부분은 흙수저에서 시작해 여러 번의 투자 실패를 경험한 투자 초창기 배 대표의 진솔한 인생사를 엿볼 수 있다. 최근 주식을 시작한 주식 초보자들과 다를 바 없는 투자 실패담을 적어 놓았다. 책의 중간부로 갈수록 그가 어떻게 '투자의 본질과 핵심'을 깨닫고 주식투자에서 성공할 수 있었는지 투자 스타일의 변화와 투자 방법에 대해 나열하고 있다. 책의 뒷부분, '슈퍼개미 배진한의 주식투자 전략 파트'에서는 30년 가까이 주식과 파생상품에 투자해온 나도 깨닫지 못했던 몇 가지 투자지표의 원리와 활용법을 공개해 놓아 아주 흥미진진하게 읽었다.

최근 코로나19 팬데믹 전후로 수많은 투자자가 경제적 자유를 찾아 주식시장에 뛰어들고 있다. 전 세계에서 가장 교육열이 높은 국가답게 1000만 명이 넘는 주식투자자들이 '실전에서 활용할 수 있는 투자 정석'을 배우기 위해 수많은 책과 유튜브를 뒤지고 있다. 하지만, 배진한 대표처럼 흙수저에서 시작해 수백억 원대의 자산가가 된 진정한 투자 고수의 책은 몇 권 되지 않는다.

우리 아버지 세대는 '제철보국'과 '제조 강국'을 외치며 대한민국을 세계 최고의 제조 기술을 가진 나라로 만들어 준 것처럼 배진한 대표의 첫 저서 《투자를 잘한다는 것》, 이 책이 대한민국을 금융 강국으로 만들어 줄 포스코의 고로와 같은 책이 될 것임을 의심치 않는다.

부디 이 책을 통해 독자들이 배진한 대표처럼 사회적 책임을 함께 고민하는 훌륭한 슈퍼개미가 되길 진심으로 바란다.

체슬리주식회사 대표이사·전무 **박세익**

개인 투자자로서 가장 괄목할만한 투자 성과를 올린 인간 배진한의 솔직한 기록이다. 항상 잘했을 것 같았던 그도 수없이 많은 실패와 그 실패를 딛고 오른 과정들이 흥미진진하다.

이 책을 읽으며 여러 번 감탄했다. 너무 쉬웠기 때문이다. '투자의 핵심들 중 핵심을 어떻게 이렇게 쉽게 표현할 수 있을까?' 하는 생각을 여러 번 했다.

주린이가 슈퍼개미로 갈 수 있는 길이 이 책에 오롯이 녹아 있다. 믿음을 가지고 이 책에 나온 내용들을 습득하고 자신의 것으로 만드는 사람은 제2, 제3의 배진한으로 성장할 것이다.

'증시각도기TV' 채널 운영자, 신한금융투자 강북센터 지점장 곽상준

멘토란 현명하고 신뢰할 수 있는 지도자, 스승 등을 일컫는 말이다. 멘토의 풍부한 경험과 지식은 시행착오와 실수를 줄일 수 있게 해주는 최고의 자산이다. 슈퍼개미이자 개인투자자들의 멘토인 배진한 대표의《투자를 잘한다는 것》이 나왔다.

이 책에는 그의 인생 역전 이야기와 주식투자 성공 신화가 잘 담겨 있다. 어디에서도 볼 수 없었던 그만의 주식투자 전략도 얻을 수 있다. 최고의 주식투자 멘토 배진한. 그와 함께라면 성공 투자로 직행할 수 있는 지름길이 눈앞에 펼쳐질 것이다.

이베스트투자증권 디지털사업부 이사 염승환

주식투자에서 실전과 이론뿐만 아니라 저자의 성공 투자 이야기가 담겨있는, 신뢰감을 주는 책을 찾기 어려웠던 투자자들에게 꼭 필요한 책이 나왔다. 이 책에는 배진한 대표가 슈퍼개미가 될 수 있었던 투자 초기 이야기부터 투자를 하며 겪고 깨달은 그만의 전략이 고스란히 담겨있다.

특히 5~6장의 투자 전략 파트의 내용에서 독자들은 앞으로 투자 인생에서 매우 중요한 무기가 될 수 있는 투자 전략을 구체적으로 배울 수 있다. 이게 가능한 것은 저자가 우리나라에서 손꼽히는 공인된 슈퍼개미이기 때문이다. 오늘도 성공 투자를 위하여 고민하는 많은 주식투자자에게 이 책을 추천하고 싶다.

《삼박자 투자법》《슈퍼개미의 왕초보 주식수업》 저자 이정윤

수백 명의 투자 전문가를 인터뷰했지만, 내게 주식투자에서 왕도는 무엇이냐고 물어보면 답하는 것을 주저하게 된다. 왜냐하면 주식투자에는 정답이란 존재하지 않기 때문이다. 하지만 각자의 투자 스타일에 맞는 좋은 투자법은 존재한다. 중·소형주에 투자하며 10배 이상의 수익을 노리는 개인투자자라면 여기에 적합한 모델이 있다. 슈퍼개미 배진한 대표의 투자법을 보며 그가 어떻게 텐배거 종목을 발굴할 수 있었는지, 어떻게 텐배거 수익이 날 때까지 기다릴 수 있었는지 찾을 수 있기를 바란다.

'김작가 TV' 채널 운영자, 《럭키》 저자 김도윤

차
례

8장 ──── 슈퍼개미의 새로운 비상, 스타트업 대표가 되다

투자로 성공한 멘토를 찾는 것이
주식시장을 이기는 지름길이다!

코로나19가 장기화되면서 자영업자를 비롯한 영세 기업들이 몰락하거나 파산하면서 많은 이들이 어려움에 처해 있는 상황이다. 기업들도 허리띠를 졸라매고 채용을 자제하고 있으며 많은 청년이 미래에 대한 희망을 잃어가고 있다.

나는 월급만으로는 집을 사거나 생계조차 유지하기 쉽지 않은 오늘날의 현실을 보면서 진심으로 경제적 도움이 필요한 이들에게 작은 도움이라도 되었으면 하는 바람에 이 책을 쓰기로 마음먹었다. 자신이 맡은 일에 책임을 다하면서 노력하는 것만으로는 여유로운 삶을 살아가기 힘든 시대이다. 가난을 벗어나기조차 녹록치 않다. 본업처럼 투자도 필수라고 생각해야 한다. 본업과 함께 투자라는 부업을 통해서 수익을 창출해야만 여유로운 삶을 살아갈 수 있다.

코로나19로 인한 팬데믹을 기점으로 많은 사람이 주식투자를 시작했다. 처음 투자를 하면 많은 시행착오를 겪게 된다. 때로는 예상치 못한 사건이 벌어지면서 큰 손실을 보는 경우도 다반사다. 시행착오라도 겪으면서 올바른 투자법을 숙지한다면 그것만으로도 대단한 행운이다. 하지만 대개는 손실을 확정 지으며 주식시장을 떠난다. 그전에 멘토를 만난다면 시행착오를 최소한으로 줄일 수 있고 빠르게 성장할 수 있다. 필자가 했던 실수를 독자들은 하지 않았으면 하는 바람에 도움이 될만한 내용으로 구성하였다. 이 책을 통해 자신만의 방법을 찾기를 바란다.

이 책은 초보자에게 주식을 어떻게 접근해야 하는지 마인드부터 약간의 철학적인 내용까지 접할 수 있기에 주식으로 수익을 내는 과정이 녹록치 않다는 것을 알려준다. 중급자들의 경우 그동안 접했던 것과 다른 투자 방법을 살펴보며 투자에 대한 시야를 넓히는 데 도움이 될 것이다. 각 장의 말미에는 그동안 만났던 투자자들이 궁금해했던 내용을 질의응답식으로 담았다. 부디 이 책을 통해 모두 투자에 성공하길 희망한다.

2021년 12월
레슨몬TV 배진한

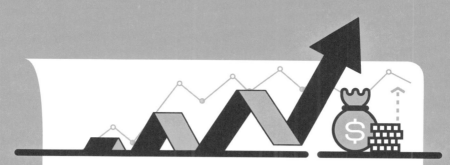

1^장

경제적 자유가
주는
기쁨과 행복

LES SON
MON

흙수저, 사업가를 꿈꾸다

내 기억 속 어린 시절은 집안에 가정불화가 끊이지 않았다. 대부분 금전적인 문제 때문이었다. 경제적인 어려움이 가중되면서 심한 스트레스를 받았었다. 엎친 데 덮친 격으로 아버지가 했던 주식투자는 거듭 실패했다. 그로 인하여 아버지와 어머니의 관계도 틀어졌다. 어둠이 찾아올 때면 두려웠다. 부모님의 잦은 부부싸움으로 집안은 하루도 편할 날이 없었다. 특히 자녀로서 이를 지켜보는 것은 엄청난 고통이었고 심적으로 많이 괴로웠다. 거기에 부모님의 아픔까지 나의 아픔으로 느껴지면서 이루 말할 수 없는 고통에 사로잡히곤 했다. 현재도 그 당시 사건들이 트라우마로 남아 있어서 조그만 소리에도 잠을 깨곤 한다.

20대 시절엔 밤마다 내일이 오지 않았으면 좋겠다는 생각을 하면서 잠에 들었다. 가난은 쉽게 해결되지 않았고 여전히 우리 가족과 나를 괴롭혔다. 가난하다는 것은 가정을 파탄 낼 수도 있기에 꼭 이에서 벗어나야겠다고 스스로 다짐했다. 경제적인 어려움을 해결할 수만 있다면 가정의 불화도 잠재울 수 있을 거라 생각했다. 그렇게 어릴 때부터 큰돈을 벌어야겠다고 결심했다.

'큰돈을 벌기 위해서는 어떻게 해야 할까?' 하고 수없이 생각했다. 그저 막연히 사업을 하기로 결정했다. 사업을 해서 성공하면 막대한 부를 얻을 수 있을 것 같았다. 나는 사업을 성공시켜 반드시 부모님을 행복하게 해드리고 나 자신도 여유로운 삶을 살고 싶었다. 성공한 후에 제주도나 도서·산간 지역에 낚싯배 한 척을 사서 낚시를 하면서 사랑하는 사람들과 함께 여유를 즐기면서 사는 모습도 상상했다. 이런 상상만으로도 무척 행복했다. 그러면서 꿈을 이루고 싶다고 몇 번이나 되뇌었다. 행복한 상상과 함께 고등학교를 졸업하면 사업을 시작하리라 계획을 세웠다.

사업을 통해서 벌고 싶은 구체적인 목표 금액도 정했다. 40세 이전에 100억 원을 모으는 것이었다. 100억 원의 돈을 모을 수만 있다면 평생 먹고사는 걱정 없이 내가 원하는 삶을 살 수 있을 거라고 생각했다. 정확한 날짜는 기억나지 않지만 40대 전후로 그토록 원했던 목표를 달성할 수 있었다.

나에게는 최고의 투자 스승인 아버지가 계셨다. 더불어 IMF와 금융위기 같은 기회를 통해 빠르게 자산을 불릴 수 있었다. 치기어린 시절 흙수저로 태어난 게 불공평하다고 자주 생각했다. 때때로 내게 주어진 삶 자체가 너무 원망스럽게 느껴졌다. 금수저로 태어난 사람들을 부러워했던 적이 한두 번이 아니었다. 하지만 그러한 생각을 아무리 한다고 해도 현실은 변하지 않았다. 오히려 그런 생각 때문에 더 비참하게 느껴졌다. 나는 현실을 인정하고 변하고자 노력했다. 가진 것이 없기 때문에 남들보다 더 열심히 노력하고자 애썼다.

스스로 믿는 것을 행하는 사람이 되자

나는 삶을 살아가는데 있어서 사람 간의 '신뢰'를 가장 중요하게 여긴다. 어떤 사람을 신뢰한다는 것은 믿고 의지할 수 있다는 것을 의미한다. 나는 스스로 신뢰할 수 있는 사람이 되기 위해 항상 마음을 가다듬는다. 만약 돈을 빌리면 어떤 일이 있더라도 약속한 날짜에 빚을 갚기 위해 노력했다.

특히 학창 시절에는 의도치 않게 소액의 돈을 빌리는 경우가 있었는데, 사정이 여의찮더라도 악착같이 돈을 갚았었다. 단순히 돈이나 물건을 빌리고 제때 갚는 것뿐만 아니라 "저 사람은 믿을만한 사람이다. 정직한 사람이다. 신뢰할 수 있는 사람이야."라는 평가를 받으려고 노력했다. 서로 의지하고 믿고 도움을 나눠줄 수 있는 관계가 얼마나 소중한지 알기 때문이다. 그러한 관계가 형성되기 위해서는 나 스스로 먼저 신뢰할 수 있는 사람이 되어야 한다는 것을 알고 있었다.

그 다음으로 중요하게 여기는 것은 '성실성'이다. 경제적으로 성공하기 위해서 가장 필요한 요소는 바로 성실성이다. 성실하다는 의미는 한결같이 꾸준하게 노력하는 것을 말한다. 경제적으로 성공한 사람들의 삶을 관찰하면 공통적인 특징을 발견할 수 있다. 성공한 사람들 대부분 성실하다.

어떤 일을 꾸준히 하기만 해도 남들보다 한발 앞서갈 수 있다고 생각한다. 의외로 무언가를 이루기 위해 꾸준히 매일같이 노력하는 사람들이 드물기 때문이다. 더 나아가 지속적인 노력과 함께 훌륭한 스승을 만난다면 원하는 성공을 이루기 위한 기초 공사는 마무리되었다고 본다. 하루에 1시간씩 남들보다 더 노력한다면 1년이면 365시간의 차이가 발생하고, 10년이면 무려 3,650시간의 차이가 벌어진다. 매일 꾸준히 하면서 동시에 남들보다 조금 더 노력하는 것은 결코 쉬운 일이 아니다. 그 작은 차이는 종국에 거대한 차이를 만든다. 이로 인하여 지금 시작한 사람이 나중에 따라올 수 없는 수준으로 능력의 격차가 벌어지게 된다.

물론 노력을 더 많이 한다고 항상 성공하거나 이기는 것은 아니다. 하지만 최선을 다해 노력했다면 결과가 좋지 않더라도 스스로에게 부끄럽지 않게 된다. 성실하고 근면한 사람을 자세히 살펴보면 심은 만큼 거두고자 하는 마음가짐을 엿볼 수 있다. 이러한 태도는 원하는 것을 얻도록 이끌어 준다.

마지막으로 '배려'와 '베풂'의 가치를 중요하게 생각한다. 베푸는 것은 삶을 풍성하고 가치 있게 만든다. 주위 사람들이 힘들고 어려울 때 도움을 주어 그들의 아픔을 치유할 수 있다면 기쁨은 배가 된다. 타인에게 이로운 행동을 하고 그로 인하여 상대방의 행복한 모습을 보면 나 자신도 기쁨을 얻게 된다. 주식투자를 하면서도 이와 같은 경험을 자주 한다. 땀 흘려 발굴한 종목을 지인에게 공유하여 함께 수익을 얻는 것이다. 때때로 지인들은 수익을 얻고 난 후에 보답으로 작은 선물을 내게 건네주기도 한다. 이렇게 남에게 베푼 만큼 남들도 나에게 베푸는 것을 체험할 수 있다. 더불어 사는 사회에서 나의 베풂은 더 많은 베풂으로 돌아온다는 것을 느낀다.

베풂에 관하여 석가모니의 유명한 일화가 있다. 불교에 '무재칠시(無財七施)'라는 말이 있다. 어떤 사람이 석가모니에게 찾아와서 고민을 토로하였다. "저는 하는 일마다 제대로 되는 일이 없습니다. 대체 무슨 이유일까요?" 석가모니는 대답했다. "그것은 당신이 남에게 베풀지 않았기 때문입니다." 그는 다시 물었다. "저는 정말 아무것도 가진 것이 없습니다. 남에게 줄 것이 있어야 베풀지요?" 석가모니는 다시 답했다. "그렇지 않습니다. 아무 재산이 없더라도 남에게 줄 수 있는 7가지가 있습니다. 당신이 이 7가지를 행하며 습관으로 만든다면 행운이 있을 겁니다."

석가모니가 베풂의 중요성을 강조하면서 소개했던 무재칠시는 다음과 같다.

무재칠시

① **화안시_** 타인에게 부드러운 표정과 미소로 답하는 것

② **언시_** 말로써 남에게 베푸는 것. 칭찬, 위로, 격려, 양보의 말 등 상대방을 배려하는 말

③ **심시_** 마음의 문을 열고 따뜻한 마음을 주는 것

④ **안시_** 사랑을 담은 부드러운 눈빛으로 베푸는 것

⑤ **신시_** 짐을 들어준다거나 힘들어하는 상대를 위해 몸으로 도와주는 것

⑥ **좌시_** 자기의 자리를 내주어 양보하는 것

⑦ **찰시_** 묻지 않아도 상대의 속을 헤아려 알아서 도와주는 것

나는 삶 속에서 무재칠시를 실천하려고 노력하고 있다. 이 중에서 적어도 3~4가지라도 실천한다면 주변에 좋은 사람들과 행복한 관계를 유지할 수 있으리라 생각한다. 성공하려면 타인의 도움이 필요하다. 그러려면 먼저 타인과 신뢰로 구축된 인간관계부터 살펴봐야 한다.

때때로 성공은 스스로의 힘으로 이룬 것처럼 보이지만 대부분 타인의 도움으로 이루어진다. 투자나 사업도 마찬가지이다. 혼자서 이룰 수 있는 것은 제한되어 있다. 타인의 지혜를 빌림으로써 어려운 문제를 해결해 나갈 수 있다. 당신 주변에 어떤 사람들이 존재하느냐에 따라 성공의 성패를 결정짓는다.

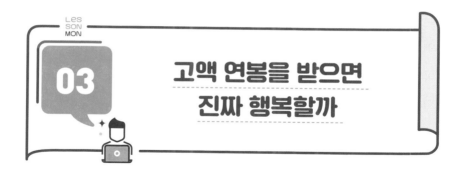

많은 사람이 고액 연봉자가 되기 위하여 노력한다. 하지만 고액 연봉자가 되어도 돈에서 자유로울 수 없다. 언젠가는 회사에서 퇴직을 하고 가진 자산을 소모하는 순간이 오기 때문이다. 돈이 돈을 버는 시스템을 구축하지 않는다면 연봉의 크기와 무관하게 평생 경제적인 걱정에서 벗어날 수 없다.

전문직, 대기업 임원, 프리랜서 등 1억 원이 넘는 고액 연봉을 받는 사람들을 종종 주위에서 볼 수 있다. 하지만 고액 연봉자라 하더라도 각종 세금을 제외하면 실제로 수령하는 금액은 예상보다 많지 않다. 그들은 자신의 연봉 수준에 맞는 비싼 집에 살면서 높은 집세를 부담한다. 또한 고가의 외제차를 타고 다니면서 품위 유지비로 많은 비용을 지출하기도 한다. 자녀들의 사교육에도 상당한 금액을 지불한다. 수입의 많은 부분을 지출로 소비하는 것이다.

언제까지 고액 연봉을 받을 수 있을까? 그들도 안전할 수만은 없다. 어느 날 갑자기 수입이 줄어들거나 중단되는 순간을 맞이한다. 소속된 회사에서 무한정 일할 수 없고 퇴직을 해야만 하는 상황이 생기기 때문이다. 고액 연봉을 받더라도 다른 소득처가 없다면 돈에서 자유로울 수 없는 것이 자본주의 현실이다.

나는 슈퍼개미가 되고 나서 여러 모임을 통해 고액 연봉자들을 종종 만났다. 그들은 의외로 고액의 연봉을 받고 있음에도 미래에 대해 불안해했다. 어떤 분은 심지어 50세가 넘어서도 집 한 채조차 소유하지 못한 분도 있었다. 이때 굉장한 충격을 받았다. 한국에서 가장 많은 수입을 벌어들이는 계층에도 이러한 경우가 존재하는데 보통 사람들은 어떨까.

며칠 전 대기업을 다니다 퇴직한 숙부로부터 돈을 빌려달라는 연락을 받았다. 숙부께서 전세로 살고 있던 빌라가 재개발되면서 이사를 하게 되었는데 돈이 부족하여 도움을 요청하신 것이다. 나는 흔쾌히 자금을 빌려드렸는데 마음 한편에는 안타깝다는 생각이 들었다. 자본주의에서 부의 원천은 자본을 통한 이득인데, 이러한 사실을 알지 못한다면 풍요로운 삶을 영위하기 어렵다.

자본을 통해 수익을 얻는 가장 쉬운 방법은 투자다. 투자를 알지 못한다면 극단적으로 말해서 부자가 되기 어렵다. 사업이라는 최선의 방법이 있지만 성공하는 사람은 소수에 불과하다. 게다가 시간이 지날수록 돈의 가치가 지속적으로 하락하고 있다. 이에 따라 사람들 간의 빈부격차가 더욱 커지는 실정이다. 요즘 같은 때는 이러한 사실이 더 피부로 와닿는다. 좋은 위치에 집이나 건물을 소유한 사람은 순식간에 큰 부를 얻었고, 집 없는 월급쟁이와 소상공인들은 더 쪼들리는 삶을 살고 있다. 직장생활을 하면서 평생 벌어도 모을 수 없을 만큼 부의 차이가 나기도 한다.

최근에는 주식과 같은 금융자산에 투자하여 급여 이상의 소득을 벌어들이는 사람들도 자주 접할 수 있다. 자본주의 시대에 부를 획득하는 방식을 알지 못한다면 가난에서 벗어나기 어렵다. 이것은 우리가 외면한다고 해도 달라지지 않는 현실이다. 가난할수록 더욱더 투자나 사업 등에 관심을 가지고 노력해야 한다. 스스로 투자를 하지 않아도 된다. 전문투자자를 통해 투자할 수 있다. 물론 투자를 하면 손실이 발생할 수 있기 때문에 제대로 투자하는 방법을 알아야 한다. 경제적 자유를 누리고 싶다면 지금 당장 시작하라고 말하고 싶다. 자본을 통하여 수익을 창출하는 방법을 만들어야만 한다.

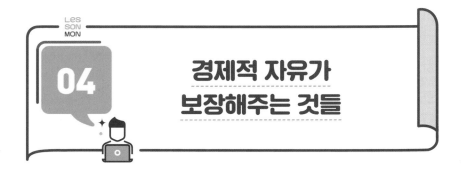

경제적 자유가 보장해주는 것들

누구나 알고 있듯이 돈은 삶을 풍요롭게 만든다. 가난한 시기에 돈은 생존을 위한 수단으로만 여겨지지만 어느 정도 삶의 여유가 생긴 후 돈의 가치는 이전과는 다르게 다가온다. 평생 살 수 있을 정도의 돈을 소유한 뒤에는 또 다르게 느껴진다. 돈이 주는 가장 큰 혜택은 미래에 대한 걱정이 일정 부분 사라진다는 것이다. 고정적인 수입과 충분한 여유자금을 확보하면 미래에 일어날 일들을 대비할 수 있기 때문에 마음의 안정을 느낄 수 있다. 또한 우리가 살아가면서 맞이하는 중요한 문제들의 원인을 살펴보면 그 뿌리가 돈으로부터 발생하는 경우가 많다. 직업, 결혼, 양육, 노후 준비 등 많은 문제가 돈과 밀접하게 연관되어 있다.

2021년 통계청 설문조사에 따르면 젊은 남자들이 결혼하지 않는 주요한 이유 중 하나는 '낮은 소득'이다. 실업률 증가와 집값 상승 등으로 경제적 독립이 어렵기 때문에 결혼을 미루는 인구가 증가하는 것이다.

◆ 미혼남녀 결혼하지 않는 주된 이유

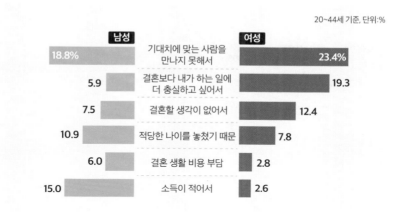

20~44세 기준, 단위:%

	남성		**여성**
기대치에 맞는 사람을 만나지 못해서	18.8%		23.4%
결혼보다 내가 하는 일에 더 충실하고 싶어서	5.9		19.3
결혼할 생각이 없어서	7.5		12.4
적당한 나이를 놓쳤기 때문	10.9		7.8
결혼 생활 비용 부담	6.0		2.8
소득이 적어서	15.0		2.6

출처: 통계청

◆ 결혼을 망설이거나 하지 않으려는 이유

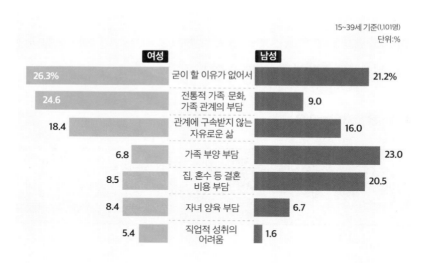

15~39세 기준(1,101명)
단위:%

	여성		**남성**
굳이 할 이유가 없어서	26.3%		21.2%
전통적 가족 문화, 가족 관계의 부담	24.6		9.0
관계에 구속받지 않는 자유로운 삶	18.4		16.0
가족 부양 부담	6.8		23.0
집, 혼수 등 결혼 비용 부담	8.5		20.5
자녀 양육 부담	8.4		6.7
직업적 성취의 어려움	5.4		1.6

출처: 여성가족부

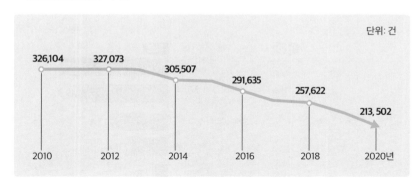

단위: 건

326,104   327,073   305,507   291,635   257,622   213,502

2010   2012   2014   2016   2018   2020년

출처: 통계청

전국 성인남녀 기혼자 19~44세 1,053명을 대상으로 '결혼과 출산'에 대한 설문조사에 따르면 아이를 낳지 않는 주된 이유로 '경제적으로 안정되지 않아서'를 꼽았다. 아이 양육 및 교육비용 부담이 25.3%로 2위를 차지했다. 부부의 인생에 있어서 가장 큰 행복이자 기쁨 중의 하나인 자녀를 갖는 일에서도 돈이 가장 큰 걸림돌이 되고 있다.

◆ 출산을 하지 않는 이유

기혼자 19~49세 기준(1,053명) / 단위: %, 명

항목	경제적 불안정	바쁜 업무	주거 환경의 미비	아이 돌봄 시설 및 서비스 불만족	아이 양육 및 교육 비용 부담	무자녀 생활의 여유 및 편함	아이가 생기지 않기 때문	기타	계	(명)
전체	37.4	4.0	10.3	8.3	25.3	11.9	2.2	0.8	100.0	(1053)
성별(x2=11.721)										
여성	34.4	3.9	10.4	9.5	27.6	11.8	1.4	0.9	100.0	(572)
남성	40.9	4.1	10.0	6.8	22.5	12.1	3.1	0.6	100.0	(482)

항목	경제적 불안정	바쁜 업무	주거 환경의 미비	아이 돌봄 시설 및 서비스 불만족	아이 양육 및 교육 비용 부담	무자녀 생활의 여유 및 편함	아이가 생기지 않기 때문	기타	계	(명)
연령(x2=18.959)										
19~29세	44.9	3.4	3.5	10.3	13.9	17.2	6.8	100	100.0	(29)
30~39세	39.2	4.4	12.5	8.1	21.5	12.5	1.7	0.2	100.0	(409)
40~49세	35.8	3.8	9.1	8.3	28.3	11.3	2.2	1.1	100.0	(615)

출처: 저출산·고령사회 대응 국민 인식 및 욕구 심층 조사 체계 운영'정책 현안 보고서(2020년)

우리 삶에서 직업과 직장은 삶의 만족도를 좌지우지하는 중요한 요소이다. 하지만 직업과 직장을 선택하는 기준에서 가장 중요하게 영향을 미치는 요인은 애석하게도 돈과 연관되어 있다. 2019년 통계청의 사회조사에 따르면 20대가 직업을 선택하는 조건 1위는 소득(연봉)이다. 2021년 잡코리아와 알바몬에서 조사한 직장을 선택하는 1순위 조건 또한 소득(연봉)이다. 자신이 하고 싶은 일보다도 돈의 중요성이 더 크게 느껴지는 것이다.

다시 말해 자신이 원하지 않는 일이라도 소득이 높다면 선택할 의향이 있는 것이고, 자신이 하고 싶은 일이라고 하더라도 소득이 낮다면 그것을 다시 고려할 만큼 소득이 중요한 영향을 끼친다.

최근 몇 년 사이 공무원 열풍이 강하게 불고 있다. 공무원이 높은 인기를 구가하는 것은 안정성 때문이다. 하지만 그 안정성의 본질도 돈과 관련되어 있다. 안전하게 지속적으로 소득을 벌어들일 수 있느냐에 달려 있기 때문이다.

◆ 직장 선택 기준 1위는 연봉 수준

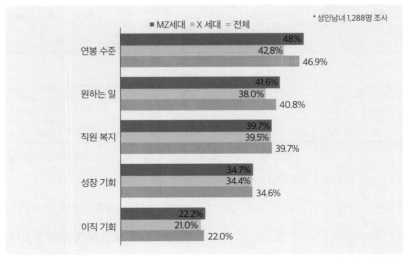

출처: 잡코리아, 알바몬

◆ 20대 직업 선택 요인

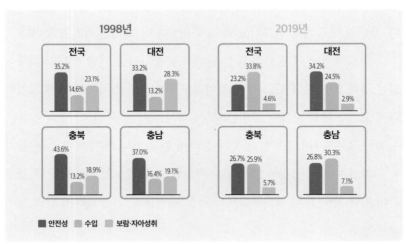

출처: 통계청

우리는 청년 시절에 꿈을 이루기 위해 노력한다. 그 후 치열한 삶을 살아가는 장년의 때를 보내고 마지막에는 휴식기인 노년의 삶을 살아간다. 노년에는 노후를 즐기고 여유로운 삶을 누리는 것이다.

하지만 우리의 바람과는 다르게 노년의 삶에서조차 돈 걱정으로 잠 못 이루는 사람들이 많다. 2018년 기준 대한민국 노인 빈곤율은 43.4%로 OECD 회원국 중 가장 높은 나라로 손꼽히며 현재 가장 심각한 문제로 떠오르고 있다. 우리 삶의 마지막까지 돈이라는 존재와 씨름해야 하는 것이 현실이다.

◆ OECD 국가별 노인 빈곤율

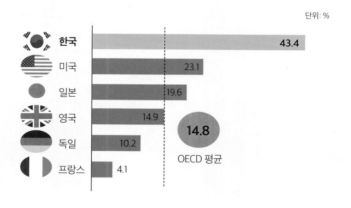

단위: %

출처: 한국경제연구원

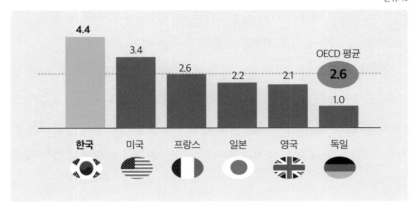

◆ 최근 10년간 OECD 국가 고령인구 연평균 증가율

단위: %

4.4 한국
3.4 미국
2.6 프랑스
2.2 일본
2.1 영국
OECD 평균 2.6
1.0 독일

출처: 한국경제연구원

　돈은 우리가 현실에서 직면하는 고통스러운 문제들을 해결해준다. 경제적으로 충분한 여유가 있다면 주변 사람들과 함께 나누고 베풀면서 행복한 삶을 영위할 수 있다. 자녀들을 위하여 삶을 헌신한 부모의 노후를 책임져줄 수 있다. 사랑하는 배우자를 위하여 좋은 선물도 사줄 수 있다. 경제적으로 힘든 사람들에게 도움을 제공할 수도 있다. 돈이라는 수단은 단순히 경제적으로 풍요롭고 삶의 질을 높이는 역할만 하는 것이 아니다. 돈을 가치 있게 사용한다면 타인과 기쁨을 나누고 공유할 수 있는 통로가 될 수 있다.

　경제적 자유를 얻기 위해 젊은 시절부터 부단히 노력해야 한다. 경제적 자유를 얻으려는 이유는 소중한 사람들과 행복하고 즐겁게 살기 위해서다. 사랑하는 사람들의 행복을 위해서 도움을 줄 수 있는 것만큼 기쁜 삶이 또 있을까.

경제적 자유, 이렇게 하면 달성할 수 있다!

흔히 "부자가 되기 위해서는 부자의 마인드를 가져야 한다"고 말한다. 겪어보니 맞는 말이다. 부자가 되기 위해서는 부자들의 생각과 마인드를 답습해야 한다. 그것이 부자가 되는 가장 빠른 지름길이다. 그들은 대개 원하는 목표를 세우고 그것을 이루기 위해 끊임없이 노력한다.

하지만 부자들의 생각과 마인드를 배우기 전에 더 중요한 것이 있다. 그보다 먼저 자신이 왜 부자가 되어야 하는지 이유를 찾는 것이 필요하다. 경제적 자유를 달성하고 싶은지에 대한 확고한 이유가 있어야만 어려움에 부딪혀도 결실을 맺기까지 노력을 지속할 수 있다. 그 어떤 이유든 괜찮다. 지긋지긋한 가난에서 벗어나는 것, 부모님을 행복하게 해드리는 것, 여행을 다니면서 원하는 삶을 살아가는 것 등 그 무엇이든 강한 내적 동기가 있으면 된다. 그러면 경제적 자유를 달성하기까지 직면하는 많은 어려움을 이겨내기 위해 노력할 수 있다.

나는 단기·중기·장기적으로 목표를 세우라고 조언하고 싶다. 예를 들면

"단기적으로 5년 안에 1억 원의 종잣돈을 모을 것이다."라고 목표를 세운다고 가정해보자. 목표를 세운 후에 그것이 현실화할 수 있도록 구체적인 계획을 세우는 것이다. 연봉을 올려야 한다면 직장을 옮기거나 직업을 변경할 수 있다. 일정 금액을 저축하기 위해 다른 비용을 줄일 수도 있다. 또는 투자를 해서 어느 정도의 수익을 낼 수도 있다. 삶에서 실행이 가능한 현실성 있는 계획을 세워야 하고 힘든 과정을 견딜 준비를 해야 한다.

다음으로 "장기적으로 20년 안에 100억 원을 모을 것이다."라는 목표를 세웠다고 가정해보자. 한눈에 달성하기 힘들어 보이는 계획도 상관없다. 다만 그것을 실현할 수 있도록 방법을 강구하면 된다. 직장인이 현실적으로 20년 내 100억 원을 모으는 것은 불가능하다. 거액의 돈을 벌기 위해서 사업을 하는 것이 가장 현실적이고, 그 다음은 목돈을 모아서 부동산이나 주식 등에 투자를 하는 것도 가능하다. 또는 직장인이 그런 목표를 이루고자 한다면 좋은 기업의 전문경영인을 목표로 도전해야 한다.

목표를 세우고 단계적으로 실천하는 것이 중요하다. 많은 사람이 중장기적으로 목표를 세우지 않는다. 또한 목표를 가지고 있더라도 단계적으로 실현이 가능하도록 구체적으로 계획을 세우지 않는 경우가 많다. 이럴 때 해당 목표를 이룰 가능성은 적다. 또한 막연하게 생각한 원대한 목표도 이루어질 가능성이 거의 없다. 스스로도 그것이 이루어질 것이라고 생각하지 않기 때문이다.

세계 정상급의 운동선수가 되고자 목표를 정한다면 세계 정상급 운동선수들이 하는 노력을 해야만 한다. 재능은 정할 수 없더라도 노력만큼은 그들의 버금가는 수준으로 실천해야만 그들과 경쟁할 수 있는 기회를 얻게 된다. 목표를 현실로 이루기 위한 고민을 거듭할수록 실현 가능한 방법들을 찾아낼 수 있다. 자연스럽게 목표에 부합하는 사람으로 변화하기 위해 몸부림치게 되고 열정적으로 노력하게 된다. 목표를 이루기 위해서는 필히 인내의 시간이 요구된다. 힘들고 포기하고 싶은 순간이 찾아올 때마다 원하는 것을 이루기 위한 내적 동기가 그것을 극복하고 이겨낼 수 있도록 도울 것이다.

Q 주식투자로 돈을 버는 것이 실제로 가능한가요?

A **주식투자로 돈을 버는 것은 가능합니다.** 하지만 세상에 공짜가 없듯 주식투자로 돈을 벌기 위해서는 충분한 노력이 선행되어야 합니다. 무엇보다 주식투자를 올바르게 배우는 것이 필요합니다. 주식투자를 올바르게 배운다는 것은 주식이란 무엇인지, 어떠한 원리로 주식이 상승하는지, 주식투자에 실패하는 요인은 무엇인지 등을 배우고 직접 체험하는 것을 말합니다. 많은 사람이 주식투자를 시작하면서 기본적인 공부조차 하지 않고 투자하는 것을 볼 수 있습니다. 장기적으로 좋지 않은 결과를 거둘 확률이 높습니다.

운동을 잘하는 것과 주식투자를 잘하는 원리는 동일합니다. 열심히 노력한다고 해도 틀린 자세와 잘못된 방법을 가지고 있다면 운동을 잘할 수 없습니다. 실력도 늘어나지 않습니다. 주식투자도 마찬가지입니다. 제대로 배우고 열심히 노력해야만 투자로 돈을 벌 수 있습니다. 직장에서 열심히 노력한 땀방울의 크기만큼 돈을 버는 것처럼 투자도 땀방울을 흘린 만큼 수익을 얻을 수 있습니다.

Q 주식투자를 시작할 때 어느 정도 금액으로
하는 게 좋을까요?

A 개인적으로는 적은 돈으로 시작하되 약간의 부담감을 느낄 수 있
는 정도의 금액으로 투자를 하는 것이 좋다고 생각합니다. 너무
적은 금액을 투자하면 주가등락에 따른 심리적인 변화를 체험하기 어렵습
니다. 주식투자의 승패는 심리를 다스릴 수 있는지와 없는지로 결정된다
고 해도 과언이 아니기 때문에 이를 직접 느끼고 체험하는 것이 중요합니
다. 반대로 처음부터 큰 금액으로 투자를 시작하면 대게는 경험 부족으로
인하여 큰 손실을 볼 확률이 높습니다. 그렇기 때문에 적은 금액으로 시작
하는 것을 추천합니다.

Q 투자자산 규모가 어느 정도 되었을 때
풍요로움이 느껴지기 시작했나요?

A 투자자산 규모가 100억 원대에 진입한 순간부터 경제적인 부분
에 관련하여 자유함을 느꼈습니다. 자산의 규모가 증가한 것뿐
만 아니라 주식투자를 통하여 꾸준히 부를 창출할 수 있다는 확신을 갖게
되면서 심리적으로 안정감을 얻게 되었습니다.

Q 주식투자로 경제적 자유를 얻는 데 얼마나
걸리셨나요?

A 저는 주식투자를 시작하고 경제적 자유를 얻기까지 약 10년 정
도의 시간이 걸렸습니다. 투자를 통하여 부를 얻기 위해서는 투
자 역량을 키우는 것과 투자 기간을 장기적으로 가져가면서 복리의 효과
를 누리는 것이 중요합니다. 동시에 상황과 환경을 잘 만나는 것도 매우
중요합니다. 최고의 투자 기회를 제공했던 IMF, 닷컴버블, 금융위기, 코로
나19 팬데믹 등을 겪으면서 저의 자산은 크게 증가하였습니다. 향후에도
이러한 대위기의 상황이 지속적으로 발생할 것으로 예상합니다. 이러한
기회가 찾아왔을 때 놓치지 않는 것이 경제적 자유를 달성하는 기간을 비
약적으로 줄일 수 있습니다.

🖋 당신의 목표를 적어보세요!

■ 단기 목표(5년 내)

■ 중기 목표(10년 내)

■ 장기 목표(20년 내)

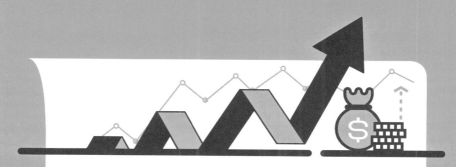

2^장

사업가로서의
인생 1막

Les SON
MON

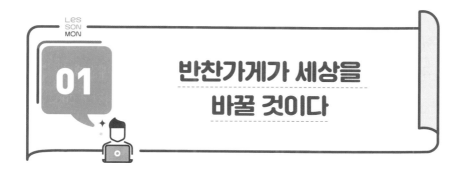

반찬가게가 세상을 바꿀 것이다

군대를 전역하고 대구를 떠나 서울에 왔다. 나보다 먼저 직업을 구한 친구와 함께 자취했다. 그때 난 전업투자를 하면서 식사를 준비하는 게 만만치 않았다. 매번 라면을 끓여 먹는 것도 하루 이틀이고, 김치만 놓고 먹는 것도 곤욕이었다. 나는 끼니 문제를 해결하기 위해 집 근처 시장에 있는 반찬가게에 들러 반찬을 구매하기 시작했다. 싼 가격에 맛도 좋아서인지 이 가게는 항상 많은 사람으로 붐볐다.

어느 날 반찬가게에서 반찬을 사서 집으로 오던 길에 문득 이런 생각이 들었다. '반찬가게를 더 좋은 모습으로 개선하여 체인사업을 진행하면 크게 성공할 수 있지 않을까? 지금도 이렇게 잘되는데 말이지.'

나는 그 당시 사업가가 되고 싶은 목표는 있었지만 어떤 사업을 할 것인지 구체적인 아이템을 생각하지는 못했다. 다만 통닭, 피자 등 다양한 체인사업들이 생겨나는 것을 지켜보면서 프렌차이즈 사업에 상당한 관심을 기울이고 있었다.

나는 이때를 기점으로 반찬가게 사업을 해야겠다는 목표를 가지게 되었고 구체적으로 준비하기 시작했다. 반찬가게 사업을 하기 위해서는 자금이 필요했고 초기 자금을 마련하기 위해 전업투자에 더욱 매진했다.

전업투자를 본격적으로 시작하면서 자산을 빠르게 불려 나갔고 2002년에는 2억 원가량의 투자금을 소유하고 있었다. IMF 이후 한국 사회는 민첩하게 변화하고 있었다. 빠른 변화의 흐름을 보면서 내가 하고자 하는 반찬 체인사업도 누군가가 먼저 시작할 수 있다는 생각이 강하게 밀려들었다. 나는 그때 사업을 시작할 적기라고 판단했고 사업을 시작하기로 결심했다. 결혼하면서 얻은 전세자금 7000만 원을 빼서 투자금과 더불어 종잣돈을 마련했다. 광명에 있는 지하 월세 단칸방으로 이사하면서 반찬 체인사업을 시작했다.

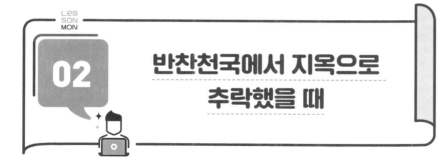
반찬 체인사업을 하기 전에 사전 조사를 진행했었다. 반찬 업체들을 탐방하고 반찬을 사서 먹으면서 고객의 관점에서 무엇이 중요한지 고민했다. 나는 맛, 영양, 위생까지 3가지 요소를 최우선으로 놓고 사업을 시작했다. 뛰어난 맛을 개발하기 위해 전문 조리장을 채용했다. 전문 조리장과 함께 반찬의 맛을 높이기 위해서 꾸준히 레시피를 개발하고 새로운 시도를 했다. 입맛이 각각 다른 소비자를 위하여 새로운 메뉴를 개발하면서 다양한 종류의 반찬을 선보였다. 무려 반찬의 가짓수가 240여 종에 이를 정도로 신제품 개발에 매진했다. 신제품을 테스트하면서 고객 반응이 좋지 않은 제품들은 과감하게 판매를 멈추기도 했다.

신선함을 유지하기 위해 매일 아침 조리해서 그날 오후에 반찬을 배송했다. 또한 철저하게 위생 검사 기준을 만들고 지키면서 사고를 예방하는 데 힘을 기울였다. 이러한 노력 덕분인지 운이 좋게도 처음 입점 당시보다 짧은 기간 안에 매출이 10배 이상 성장하면서 좋은 결과를 만들어냈다.

나는 그 후 사업을 확장하기 위해 프랜차이즈를 설립했다. 반찬천국 매장을 10개 이상으로 늘렸으나 경험과 노하우의 부족으로 많은 어려움을 겪었다. 단 1개의 매장을 운영하는 것과 10개 매장을 운영하는 것은 시스템이 달라야 했는데 그러한 차이점을 그때는 인지하지 못했다. 야심 차게 진행한 프랜차이즈 사업은 내가 원하는 방향대로 흘러가지 않았다. 매출은 점점 하락하고 나중에는 대부분 문을 닫게 되었다.

나는 실패 원인이 무엇인지 깊이 고민했다. 가장 큰 원인은 입지 선정에 있었다. 자금이 부족한 관계로 유동 인구가 충분한 장소가 아닌 곳에 어쩔 수 없이 자리를 잡은 것이 화근이었다. 반찬의 맛이 좋고 고객이 원하는 반찬의 종류가 많다고 하더라고 그것만으로 판매가 잘되는 것은 아니었다. 유동 인구가 많아야만 장사가 잘될 수 있다는 것을 실패하고 나서야 깨달았다. 특히 반찬 같은 경우 신선해야 하기에 그날그날 만들어야 한다. 만든 당일 모두 판매되어야 다음 날 다시 신선한 반찬을 만들 수 있다. 그래서 재고가 남지 않는 것이 매우 중요하다.

하지만 위치가 좋지 않을 경우 충분한 판매량이 뒷받침되지 않아 재고가 남게 되고 손실이 증가한다. 이것이 장기적으로 반복된다면 손실이 누적되어 사업은 문을 닫을 수밖에 없다. 오프라인 장사가 지지부진하면서 나는 새로운 돌파구를 찾기 시작했다.

인터넷이 전국적으로 보급되고 전자상거래가 빠르게 발전하면서 앞으로 온라인 사업이 성장할 것이라는 강한 확신이 들었다. 또한 1인 가구가 늘어나면서 반찬을 만드는 것보다 구매하는 사람들이 늘어나는 추세였다. 나는 오프라인이 아닌 온라인몰에 집중하기 시작했다. 또한 온라인으로 반찬을 파는 가게가 없다 보니 오프라인에서의 치열한 가격경쟁에서도 살아남을 수 있다고 판단했다.

2003년 11월 '반찬천국'을 오픈마켓에 온라인으로 오픈을 하자마자 그야말로 불티나게 제품들이 팔리기 시작했다. 예상을 뛰어넘을 정도로 대량의 주문이 밀려왔다. 그 당시 회사에는 이를 처리할 인력이 부족했다. 나는 혼자서 1인 7역을 감당하면서 모든 에너지를 쏟아부었다. 새벽마다 시장에 가서 반찬을 만들기 위하여 장을 보고, 온라인에 반찬 상품을 등록하고, 반찬을 좀 더 맛있게 보이게 하려고 사진을 찍고 나서 포토샵 작업도 직접 진행했다. 또한 반찬을 포장하고 고객의 집까지 배달도 했다. 게다가 총괄적인 회계와 세무까지 담당했었다. 광명 본점은 오프라인 매장으로 이곳에서 판매를 진행하는 업무도 맡았다. 매일 밤 11시를 넘겨 녹초가 된 상태로 퇴근하는 일이 다반사였다. 아내는 포장, 배송, 판매 등의 여러 업무를 가리지 않고 힘써 도와주었다. 아내의 헌신적인 도움이 없었다면 혼자서는 그 많은 업무를 수행하기는 불가능했을 것이다.

반찬천국 온라인 사업이 활성화되면서 돈은 차곡차곡 쌓이기 시작했다. 쉬지 않고 업무에 매진하다 보니 육체적으로는 크게 지쳐갔지만 노력한 만큼 대가를 얻는 것을 보면서 마음만은 기쁘고 즐거웠다. 온라인 사업을 시작한 지 3개월까지는 원하는 대로 순탄하게 진행되었다.

3개월이 지나고부터 예상치 못한 일들이 발생했다. 바로 경쟁업체들이 생겨나기 시작한 것이다. 반찬천국과 같은 온라인과 오프라인에서 반찬을 파는 업체들이 우후죽순 나타나기 시작했다. 그들은 후발주자로 시장에 진입하다 보니 고객을 유치하기 위해 가격을 대폭 할인하여 팔기 시작했다. 내가 10가지의 반찬 세트를 2만 원에 팔고 있으면, 경쟁업체는 반찬을

1가지 추가하여 11가지의 반찬 세트를 선보였고, 가격은 오히려 5,000원을 더 저렴하게 팔았다. 사업 비용을 고려할 때 이익을 낼 수 있는 적정 가격이 존재하는데 그러한 것을 모두 무시하는 듯 보였다.

하지만 이러한 초저가 판매는 마진이 거의 없는 상태로 제 살을 깎아 먹는 행위나 마찬가지였다. 물론 그러한 방식을 사용하는 신규 업체들은 적자가 지속되면서 파산하기 시작했다. 그럼에도 불구하고 새롭게 유입되는 업체들의 숫자가 파산하는 업체보다 많았다. 한 업체가 망하면 그 빈자리를 다른 업체가 차지하였고 새로운 업체는 다시 가격을 내려 판매하는 것을 반복하면서 출혈 경쟁은 계속되었다. 시간이 지날수록 내가 운영하는 반찬 사업도 점진적으로 타격을 받기 시작했다.

이러한 문제를 해결하기 위해 시간이 닿는 대로 경쟁업체의 대표를 만났다. 그들을 만날 때마다 극심한 가격경쟁으로 위태로운 현재의 경영환경에 대하여 이야기했다. 그들 역시 출혈 경쟁에 대해 공감하였다. 모두 합리적인 가격으로 판매하자고 제안했고 다수의 동의를 얻을 수 있었다. 하지만 그러한 동의는 생각보다 오래가지 못했다. 가격경쟁은 시간이 지날수록 더 심해졌다. 저가 경쟁이 지속되면서 수익성이 하락하였고 경쟁업체들의 도산은 더욱 심해졌다. 약 10여 년 동안 무려 100군데가 넘는 온라인 반찬가게 업체가 파산하였다. 나는 판매 단가를 낮추는 가격경쟁으로는 결국 모두 패자가 된다고 생각했다.

그 당시에 내가 운영했던 '반찬천국'은 반찬 사업의 선두주자였다. 내가 가격을 올리면서 정상적인 값을 받으려고 해도 경쟁업체 사장들은 모두 약속이나 한 것처럼 가격을 그대로 유지하면서 경쟁을 지속했다. 시장에서 고객들의 요구를 충족하기 위해서 나 자신도 어쩔 수 없이 값을 일부

인하하였으나 나는 적정 마진이 남을 수 있는 수준 이하로는 가격을 낮추지 않았다. 대신 반찬의 품질을 높이기 위하여 노력을 많이 했다. 나의 이러한 노력 덕분인지 여타 경쟁업체보다 가격 면에서 비싸게 팔았지만 판매량이 크게 줄어들지는 않았다. 물론 수익성은 감소했지만 반찬 사업이 다른 경쟁사들처럼 큰 어려움에 부딪치지는 않았다.

만약 경쟁업체들이 그 당시 가격경쟁을 중단하고 정상적인 가격을 받으면서 품질을 높이는 것에 집중했더라면 어땠을까. 또한 치열한 가격경쟁 하에서 살아남았다고 하더라도 결과는 좋지 않았을 것이다. 가격경쟁은 누구나 쉽게 모방할 수 있기 때문에 새로운 경쟁자가 계속 등장할 것이고 승자 없는 게임이 될 것이다. 품질에 집중하더라도 파산하는 기업들은 여전히 생겼을 테지만 많은 업체가 살아남지 않았을까 상상해본다.

나는 치열한 경쟁 속에서 반찬천국 사업을 안정적으로 이끌어 갔다. 나는 1인 7역을 소화하면서 정신적으로나 육체적으로 매우 지쳐갔다. 나중에는 회계, 총무, 포토샵 디자이너, 포장 직원 등 업무별로 사람들을 폭넓게 고용하기 시작했다. 그러면서 점진적으로 증가하던 반찬천국의 이익은 급속도로 줄어들었고 결과에 대한 회의감 때문인지 사업에 대한 열정은 점차 식어갔다.

사업에 대한 관심이 줄면서 역으로 주식시장에 관한 관심이 증가했다. 그 당시 주식시장에서 자산가치는 높은데 가격이 매우 싼 회사들이 주위에 널려 있었다. 자산가치가 높을 뿐만 아니라 높은 매출액과 이익을 겸한 회사들도 많았다. 나는 주식에 투자하기 좋은 때를 만나면서 다시금 투자에 열을 올리기 시작했다.

비즈니스에서 배운 3가지 투자 원칙

나는 반찬 사업을 하면서 3가지 귀한 교훈을 몸으로 체득했다. 이 3가지를 자세히 살펴보자.

첫째, 세상의 변화를 미리 파악하여 앞서가는 것이 사업의 성패를 결정한다.

만약 내가 남들과 똑같이 행동하고 움직였다면 반찬 사업은 살아남을 수 없었을 것이다. 남들보다 월등히 앞서지는 못할지라도 한 발이라도 앞서 나아가야만 선점할 수 있는 기회를 갖는다. 이는 주식투자에서도 동일하게 적용된다. 남들보다 먼저 변화를 파악하고 투자해야만 높은 수익을 얻을 수 있다. 개인적으로 주식투자에서 가장 중요한 것을 골라 보자면 미래의 변화를 상상하고 선점하여 투자하는 것으로 생각한다. 내가 투자를 시작했을 때 주식투자에 대하여 깊이 공부하지 않았음에도 큰 수익을 낼 수 있었던 이유를 곰곰이 생각해보면 이러한 사고방식으로 투자를 했기 때문이다.

투자에서 고수익을 거두었던 주식들의 과거를 천천히 복기해보면 내가 말한 원리를 더 쉽게 이해할 것이다. 많은 사람이 기본적 분석(기업분석), 기술적 분석(차트분석) 등을 통하여 수익을 내기 위해 노력한다. 두 가지 모두 중요하다. 하지만 그것만 가지고는 실패할 확률이 높다. 어떤 이들은 가치에 대한 분석이 잘 맞지 않는다고 말한다. 절반은 맞는 말이다. 기업가치에 대한 평가는 사람마다 다르고 가변적이기 때문이다. 때때로 내가 비싸다고 생각하는 가격이 저점일 수 있으며, 내가 싸다고 생각하는 가격이 높은 고점일 수도 있다. 또 어떤 사람들은 차트분석이 잘 맞지 않는다고 말한다. 절반은 맞는 말이다. 차트는 같은 위치에서 동일한 캔들의 모양을 가지고 있더라도 주가의 방향은 다르게 나타날 수 있다.

하지만 미래 분석은 기업분석이나 차트분석보다 성공 확률이 높다. 물론 기업분석을 하면서도 기업의 미래 방향을 예측한다. 여기서는 미래 변화에 집중하여 투자하는 방식 자체에 초점을 두고 말하고자 한다. 우리는 누구나 미래를 예상할 수 있는 능력을 소유하고 있다. 물론 너무 빠르게 예상한다면 기다림에 지쳐 수익을 거두기는 힘들 것이다. 또한 너무 늦게 예상한다면 주가는 이미 상승하기 마련이다. 그러나 남들이 아직 쳐다보기 전에 미래가 어떻게 변할지를 예상하여 투자한다면 승률은 매우 높다고 생각한다. 성공적인 주식투자를 하는 데 있어서 미래 분석이 꼭 필요하다. 미래에 벌어질 일들을 상상하며 그 변화의 길목에 미리 서서 기다리는 투자가 필요하다.

둘째, 대중의 심리를 이해하여 휩쓸리지 않고 독자적으로 행동해야 한다.

반찬 사업을 하면서 대중들이 움직이는 원리를 파악할 수 있었다. 사람들의 행동패턴을 잘 살펴보면 과거와 크게 다르지 않다는 것을 알 수 있다. 사람들은 다수가 열광하고 찬양하는 시점부터 그 대상에 관심을 기울이기 시작한다. 온라인 반찬 사업도 그전에는 아무도 관심을 갖지 않다가 사람들의 시선을 끌기 시작하면서 대중이 관심을 두기 시작했다. 그 결과 다양한 사람들이 사업에 뛰어들게 되었고 자연스럽게 시장이 포화하는 구조를 가져왔다. 이는 사업이나 투자뿐만 아니라 다른 분야도 동일하게 나타난다.

최근 코로나19가 발생한 후 마스크 품귀 현상이 발생했다. 나는 2020년 3월 말에 말 유튜브 〈신사임당〉에 출연하여 이 현상에 대하여 인터뷰를 한 적이 있다. 그 당시 마스크가 매우 귀하여 마스크 가격이 고공행진을 하던 시기였다. 나는 과거의 반찬천국 사업을 운영하던 때를 떠올리면서 그때와 동일하게 마스크 업체들이 우후죽순 생겨날 것으로 예상했다. 나는 마스크 공급과잉으로 재고자산이 증가하면서 마스크 업체들이 과도한 경쟁으로 상당수가 어려워지거나 도산할 것이라고 언급했다. 그 후 몇 달이 지나지 않아 내가 온라인 반찬사업을 할 때의 데자뷔처럼 200여 개의 마스크 관련 업체들이 부도 위기라는 기사가 등장하였다. 여기서 말하고 싶은 것은 사람들은 대중의 움직임을 따라가게 된다는 것이다. 대중의 광적인 움직임을 거스르기는 어렵다.

시간이 지나고 나서 냉정하게 생각해보면 그 당시에 내가 잘못한 부분이 무엇이었는지 깨닫는 경우가 많다. 대중이 움직이는 원리를 이해한다면 사업이나 투자에서 유리한 고지에 올라설 수 있다. 대중에 휩쓸리지 않고 독자적으로 움직일 수 있게 된다. 해결책으로는 반대편의 이유 즉, 사지 말아야 할 이유를 의도적으로 깊이 생각해봐야 한다.

셋째, 경쟁우위 없는 기업의 성공은 지속되지 않는다.

반찬천국이라는 사업을 경영하면서 절실히 느낀 바이다. 남들보다 앞서는 부분이 없다면 최종적으로 자기 살을 깎아먹는 식의 경쟁을 해야 한다. 경쟁우위 요소가 없다면 탁월한 실적을 거둘 수 없고 누구나 모방이 가능하여 쉽게 따라잡히게 된다. 그러한 기업을 경영하게 된다면 치열한 가격경쟁으로 도산할 가능성이 높아진다. 이는 사업이나 투자뿐만 아니라 개인에게도 적용된다. 사업을 성공적으로 이끌기 위해서는 경쟁사 대비 높은 사업 경쟁력을 확보할 수 있도록 매진해야 한다.

주식투자로 높은 수익을 거두기 위해서는 기본적 분석, 기술적 분석, 멘탈 관리 등을 남들보다 뛰어나게 잘해야 한다. 경쟁우위 없이 좋은 결과를 바라는 것은 요행이라는 것을 사업을 통해서 깨닫게 되었다. 경쟁우위는 무엇이든 될 수 있다. 타인의 신뢰를 얻고 그 능력을 활용하는 것도 남들이 따라 하기 힘든 경쟁우위 요소가 된다.

Q 미래 분석은 어떻게 해야 잘할 수 있나요? 연습 방법
이 있나요?

A 미래 분석을 잘하기 위해서는 미래에 벌어질 일들을 의도적으로
상상하는 훈련을 지속해서 해야 합니다. 대부분의 사람은 근시
안적으로 바로 앞에 놓인 문제에만 집중합니다. 그렇기 때문에 미래에 대
해 생각하는 일을 습관화하지 않는다면 일회성으로 끝나게 됩니다. 특히
경제신문을 읽으면서 미래에 일어날 일들을 상상하는 훈련을 꾸준히 하는
것이 큰 도움이 됩니다. 정보의 홍수 속에 사는 우리는 매일 같이 다양한
정보들을 쉽게 습득할 수 있기 때문에 상상하는 훈련을 지속할 수 있으며,
짧은 시간 안에 트렌드를 파악할 수 있습니다.

여러 분야의 책을 읽고 다양한 사람들을 만나는 것이 중요합니다. 외부
시각을 다양하게 입수할 수 있어야 외부 변화를 정확하게 감지하여 미래
를 예측하는 확률을 높일 수 있습니다.

Q 주식투자를 하면서 탁월한 투자 역량을 갖추는 방법은 무엇이 있을까요?

A **자본주의 사회에서 경쟁은 필수입니다. 자신의 역량만큼 인정과 대우를 받게 됩니다.** 뛰어난 역량을 갖춘 사람은 큰돈을 벌 수 있지만 능력이 부족한 사람은 적은 돈도 벌기 힘든 것이 냉혹한 현실입니다. 개인적으로 모든 분야에서 뛰어난 역량을 갖추는 방법은 크게 두 가지라고 생각합니다.

첫 번째는 탁월한 스승을 찾아서 가르침을 받는 것입니다. 유능한 스승에게 교육을 받으면 빠르게 성장할 수 있습니다. 스승은 어떻게 하면 이 분야에서 성공할 수 있는지를 이미 알고 있기 때문입니다. 어떠한 훈련을 해야만 역량을 빠르게 높일 수 있는지, 문제에 대한 해결 방법도 알고 있습니다. "명장 밑에 졸장이 없다"라는 말이 있는 것처럼 뛰어난 스승을 만나는 것은 이미 절반은 성공한 것이나 마찬가지입니다. 구체적인 방법으로는 책이나 유튜브와 같은 비대면 채널을 통해 찾을 수 있고, 투자 모임 같은 곳에서 주최하는 오프라인 모임을 통해 만날 수도 있습니다.

두 번째는 스스로 성장하기 위해 치열하게 노력하는 것입니다. 남들보다 뛰어난 역량을 얻기 위해 더 많은 노력을 해야 합니다. 여기서 노력이란 단순히 무엇을 생각 없이 반복하는 것을 말하는 것이 아닙니다. 날마다 단점을 보완하기 위한 실천 방안을 고안하고 적용해야 합니다. 또한 장점을 지금보다 더 극대화하기 위하여 더 나은 방법을 찾고 적용해야 하지요.

지루하고 힘든 노력을 꾸준히 해야만 합니다.

　이런 노력을 투자에 적용한다면 매매일지를 작성하고 복기하는 과정을 반복해야 합니다. 투자 결과를 고찰하면서 스스로 실패한 이유를 파악하고 개선할 방법을 찾고 적용해야 하지요. 사업 분석 역량이 부족하다면 사업 공부를 해야 하고, 심리적인 부분을 다스리는 것이 어렵다면 그것을 극복하기 위한 원칙을 세우고 지키기 위해 힘을 써야 합니다. 그러나 실력은 단계별로 성장하므로 조급한 마음을 갖지 않아야 합니다.

　조급한 마음이 오히려 해를 입힌다는 의미의 '알묘조장(揠苗助長)'이라는 사자성어가 있습니다. 다음은 '장자(莊子)'의 공손추 편에 나오는 농부의 이야기입니다. 송나라의 어리석은 농부가 있었습니다. 그 농부는 엊그제 모를 심었지만 모가 빠르게 자라지 않자 속이 탔답니다. 그는 모를 빠르게 자라게 할 수 있는 방법을 고심한 끝에 좋은 방법을 생각해냈습니다. 농부는 논으로 가서 심은 모들을 조금씩 뽑아 들어 올렸습니다. 겉으로 보기에는 모가 하루 만에 몇 센티미터 자란 것으로 보였습니다. 농부는 가족에게 자랑하며 말했답니다. "오늘은 일을 열심히 해서 피곤하네. 모가 쑥쑥 자라도록 도와주었어." 그 말은 들은 농부의 자식은 곧장 논으로 뛰어갔고 망연자실 했습니다. 모가 자라기는커녕 모두 쓰러져서 말라버렸기 때문이었습니다.

　성장에는 기다림의 시간이 반드시 필요합니다. 농부가 씨를 뿌리고 나서 열매 맺는 시간을 기다리지 못하면, 이렇게 무리수를 두어 경작을 망치게 됩니다. 조급하면 실패하게 됩니다. 반드시 거쳐야 하는 과정을 인내하지 못한다면 열매를 맺을 수 없는 것처럼 투자를 익히는 것도 절대적인 시간이 필요합니다.

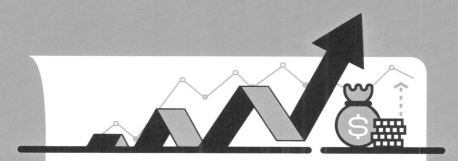

3^장

투자에서
돈을 잃는
사람들의 특징

LESSON
MON

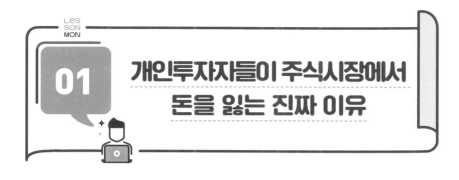

개인투자자들이 주식시장에서 돈을 잃는 진짜 이유

주린이들이 주식시장에서 하는 가장 큰 실수가 무엇일까? 바로 주식시장에서 수익을 내기 쉽다고 생각하는 것이다. 최근 11년(2010년~2020년) 동안 개인투자자 600만 명의 연간 수익금액 통계에 따르면 매년 약 40%의 투자자가 원금에서 손실을 보고 있다.

나머지 50%는 1000만 원 이하의 수익을 내고 있으며, 약 10%만이 1000만 원 이상의 수익을 얻고 있다. 우리가 주위에서 경험하고 체감하는 바와 크게 다르지 않다. 주식투자자 10명 중 1명만이 주식시장에서 고수익을 창출하고 나머지 9명은 원금을 잃거나 유지 또는 낮은 수익을 기록하고 있다. 이러한 사실에도 불구하고 많은 개인투자자는 '자신들은 다를 것'이라고 생각하며 어떠한 사전 준비도 없이 주식투자에 뛰어드는 것을 볼 수 있다. 그들 중 대부분은 90%에 속한다. 주식시장에서 손실을 보거나 원금을 유지하는 수준의 낮은 수익을 얻게 되는 것이 현실이다.

강조하고 싶은 것은 주식투자는 쉽게 얻을 수 있는 불로소득이 아니라는 것. 투자로 수익을 얻기 위해서는 피와 땀을 흘려야 하고 최선을 다해서 공부해야 한다. 필자가 그동안 느낀 바로는 주식시장에서 고수익을 얻으려면 회사에서 임원이 되기 위해 하는 노력 또는 그 이상을 기울여야 한다.

◆ 개인투자자 주식 양도차익 구간결 인원 추정치

	손실	0원~1000만 원	1000만~2000만 원	2000만 원 초과	총
비율	약 40%	약 50%	약 5%	약 5%	약 100%
인원(명)	약 240만	약 300만	약 30만	약 30만	약 600만

출처: 조세재정연구원

주식시장에서 수익을 내는 것은 왜 어려울까?

조금만 생각하면 그 이유를 바로 알 수 있다. 주식시장은 그 어느 곳보다 경쟁이 치열하기 때문이다. 주식시장은 누구에게나 열려 있고 언제 어디서든 자유롭게 참여할 수 있다. 사실상 진입장벽도 존재하지 않는다. 또한 주식투자는 부동산을 제외하면 자산을 증식시킬 수 있는 거의 유일한 투자 수단이기도 하다. 이러한 이유로 국내외를 불문하고 매우 많은 사람이 주식시장에 참여하고 있다.

한국갤럽에서 2021년 1월 13일에서 15일까지 18세 이상 1,000명을 대상으로 수행한 여론조사에 따르면 29%의 사람들이 펀드를 제외하고 직접 투자한다고 말했다. 코로나19 이후 주식투자 호황기에 도래하면서 주식투자 인구는 2019년 말 612만 명에서 2021년 3월 기준 약 1042만 명으로 증가한 것으로 추정한다.

◆ 투자 인구와 주식 계좌 수 추이

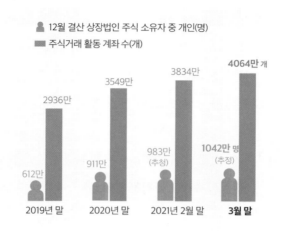

출처: 금융투자협회, 예탁결제원

　　2021년 대한민국 인구 5명 중 1명은 주식투자를 하고 있다는 것을 알 수 있다. 실제 주식에 투자하는 인구의 대부분은 성인이다. 18세 이상 인구 4400만 명 중 약 1000만 명이 주식투자를 한다고 가정하면 성인 4명 중 1명이 하는 것이다. 경제 활동을 하는 인구의 상당수가 주식투자를 하고 있다고 생각해도 무방하다. 또한 주식시장에는 교수, 의사, 변호사, 회계사 등의 전문직뿐만 아니라 CEO, 임원 등의 관리자 그리고 엔지니어, 프로그래머(개발자), 일반 사무원 등 모든 분야의 종사자들이 존재한다. 스포츠 격투기로 치면 무제한 체급의 경쟁을 하고 있는 것과 같다. 주식시장을 축구 경기로 치자면 손흥민과 같은 국가대표와 일반인이 함께 경기장에서 뛰고 있는 것과 같다.

　이러한 사실을 인식하고 주식투자를 해야 한다. '이렇게 어렵다면 차라리 주식투자를 하지 말까'라고 생각하는 분들도 있을 것이다. 하지만 두려워할 필요는 없다. 주식투자는 제로섬 게임이 아니기 때문이다.

　주식시장은 장기적으로 우상향하는 모습을 보인다. 부동산을 예로 들어 생각하면 이해하기 쉽다. 집값은 과거부터 꾸준히 상승 추세를 유지해왔다. 집을 구매한 사람들은 계속해서 돈을 벌게 된다. 또한 기업은 벌어들인 수익을 배당으로 나눈다. 주식은 모두 돈을 벌 수 있는 윈윈의 구조를 가지고 있다.

　누구나 주식시장의 원리를 이해하고 투자를 한다면 수익을 낼 수 있다. 능력에 따라서 수익의 크기가 달라지는 것일 뿐, 누구나 올바른 방법으로 투자를 한다면 수익을 낼 수 있는 곳이 바로 주식시장이다.

　국내에서 부동산 투자는 '불패 신화'라는 말이 있다. 전국적으로 부동산은 특정 기간을 제외하고 꾸준히 상승하여 대다수의 투자자들에게 높은 수익을 제공해주었다. 물론 인기 없는 지역이나, 사람들이 빠져나가는 지방 부동산에 투자한 사람들의 수익은 저조했다.

　국내 주식시장을 대표하는 코스피 지수도 과거와 비교하여 상승했다. 주식시장을 충분히 이해하고 우수한 기업에 투자한 대부분의 사람은 수익을 얻을 수 있었다.

　주식과 부동산 투자의 가장 큰 차이점은 투자자산의 특성상 손실을 볼 가능성이 높다는 것이다. 주식시장은 그 속성상 가격 등락에 있어서 사람들의 심리 비중이 높게 차지하고 있다. 이에 따라 고점에 물리는 경우가 자주 발생한다. 또한 기업이 파산하여 원금을 전액 잃어버리는 경우도 간혹 발생한다.

　주식투자는 부동산 투자보다 투자할 곳을 선정하는 데 더 까다롭게 해야 한다. 주식은 입증된 방법으로 투자하는 것이 중요하고 그 투자자산을 잘 관리하는 것도 중요하다. 하지만 이러한 특성을 충분히 반영하더라도 주식투자는 매력적이다. 주식투자는 다른 투자자산과 비교하여 역사적으로 가장 높은 수익을 제공해왔고 동시에 적은 자본으로도 수익을 얻을 수 있는 기회도 제공해준다.

　삼성전자가 2000년 말 시가총액이 20조 원에서 2020년 말 500조 원으로 성장하는 동안 삼성전자에 투자했던 투자자들은 높은 수익을 얻을 수 있었다. 실력과 운에 힘입어 1~2배의 수익을 거두는 사람도 있었을 것이고, 10배 이상의 수익을 거둔 사람도 있을 것이다. 때에 따라서는 삼성전자 주식이 고점을 찍고 등락하는 과정에서 손실을 본 투자자도 있을 것이다.

　가장 중요한 것은 주식시장의 원리를 배우고 지속해서 실천하는 것이다. 올바른 가치관을 정립하기 위하여 투자 역사를 공부하는 것이 꼭 필요하다. 과거부터 다양한 사례를 기반으로 입증된 방법으로 투자한다면 누구나 수익을 얻을 수 있다.

02

단타로 성공하는 사람은
프로게이머와 같다

개인투자자들은 주로 단기매매*에 집중한다. 세계적인 투자자 워런 버핏Warren Buffet을 포함하여 수많은 투자 대가들이 장기투자를 강조하고 또 강조한다. 또한 신문, 언론, 책에서도 한결같이 장기투자의 중요성을 강조하고 있지만 왜 여전히 개인투자자들은 단기매매에 집중하는 것일까.

많은 사람이 주식투자에서 빠르게 수익을 내기 위해 단기투자를 반복한다고 말한다. 장기투자의 수익이 항상 높지만은 않은 데다 수익을 내기까지 오랜 시간을 기다려야 한다는 것을 볼 때 맞는 말이다.

하지만 그보다 더 중요한 이유가 있다고 생각한다. 바로 주가(주식가격)의 급등락에 민감하게 반응하기 때문이다. 가격변동을 마주할 때 두려움으로 인한 본능적인 행동을 통제할 수 없는 것이다. 눈앞에서 수백만 원 또는 수천만 원의 손실을 보는 것만큼 괴로운 것은 없다. 또한 클릭 한 번

---

* 여기서 단기매매라 함은 하루, 일주일, 3개월 이하의 기간을 말한다.

으로 주식을 매수 또는 매도할 수 있도록 구현된 주식시장 시스템은 단기매매를 자극하는 최적의 환경을 제공한다. 이로 인하여 대부분의 개인투자자는 단기매매에 집중할 수밖에 없다.

부동산에 투자할 때 사람들은 조급하게 생각하지 않는다. 단기적으로 가격이 급등락을 보일 때도 태연하게 보유한다. 그 이면에는 두 가지 정도의 이유가 있다. 첫 번째는 과거를 볼 때 국내 부동산 가격이 시간과 비례하여 꾸준히 상승했기 때문이다. 즉 가격이 안정적으로 오를 것이 예상되는 상황에서 부동산을 매매하는 행동을 굳이 할 필요가 없다. 두 번째는 부동산 거래가 까다롭기 때문이다. 위치, 대출, 이사 비용, 자녀교육, 출퇴근 시간 등 고려해야 할 것이 많다. 부동산을 매각해야 할 중대한 이유가 아니라면 반강제적으로 장기보유를 하게 될 수밖에 없다. 만약에 주식투자가 부동산 투자처럼 매매가 까다롭게 되어 있다면 손실을 보는 경우가 크게 줄어들 것이라고 생각한다.

앙드레 코스톨라니^{André Kostolany}는 "주식을 사라 그리고 수면제를 먹고 자라. 10년 뒤에 깨어나면 부자가 되어 있을 것이다."라는 명언을 남겼다. 하지만 단기매매는 본능과도 같기 때문에 이러한 유혹을 뿌리치기는 쉽지 않다.

주식시장에서 단기매매로도 큰돈을 벌 수 있고 성공할 수 있다. 시장에서 알려지지 않은 단기투자로 큰 수익을 벌어들인 은둔 고수들도 다수 존재한다.

하지만 확률적으로 장기투자자보다 그 수가 현저히 적은 것이 사실이다. 주식투자에서 단기매매로 성공하기 위해서는 고도의 전문성이 필요하다는 것을 알아야 한다. 개인적인 생각으로는 단기투자로 꾸준한 수익을 창출하기 위해서는 최소 3년 이상의 전문적인 훈련이 필요하다고 생각한다. 전문적인 훈련이란 주식시장의 원리를 터득하기 위하여 시장에서 꾸준히 실전 매매를 경험하는 것을 말한다. 단순히 매매를 반복하는 것이 아니다. 매일 시장이 마감된 후 매매일지를 작성하고 피드백하는 과정을 반드시 거쳐야 한다.

손실과 수익이 난 종목 모두 복기해야만 한다. 이익 또는 손실이 발생한 이유를 철저히 분석하고 문제점을 개선해야만 한다. 문제점을 개선하지 못한다면 잦은 손실로 종국에는 주식시장에서 퇴출하게 된다. 수익을 창출했던 매매 방법들을 완전히 숙지하여 수익을 벌어들일 수 있는 다양한 방법들을 자신의 것으로 만들어야 한다. 매일 이러한 훈련과정을 반복함으로써 단기투자자로서 성공 확률을 높일 수 있다. 최소한 이러한 과정을 3년은 거쳐야만 단기투자자로서 큰 성공을 거둘 수 있는 토양이 마련된다고 본다.

인생도 주식시장도 단거리 경주가 아닌 마라톤 경주이기 때문에 수십 년간 꾸준히 수익을 내는 것이 중요하다. 매매기법으로는 차트분석에 능통해야 한다. 차트에는 사람들의 심리가 고스란히 녹아 있기 때문에 단기매매에 가장 적합하다. 이러한 훈련 없이 단기매매를 지속하면 수익을 내기도 힘들뿐더러 손해 볼 확률이 높아진다.

주식시장은 두려움과 조급함을 먹고 자란다. 투자자의 두려움은 단기적으로 매도로 나타난다. 빠른 수익을 내려는 욕심과 막차를 놓칠 수 있다는 투자자의 조급함은 단기적인 매도로 나타나는 것이다. 두려움과 욕심을 통제할 수 없다면 단기매매에서 지속적으로 손실을 볼 수밖에 없다. 술에 취한 사람들이 술에 의해 통제 받고 실수하게 되는 것처럼 감정에 의해 통제 받는 투자자는 필연적으로 돈을 잃게 된다.

주식시장은 감정 즉, 심리에 의해 사람들의 돈을 갈취해간다. 단기매매는 주가 급등락에 의한 심리 변화가 매우 크기 때문에 그 속성상 돈을 벌기 힘든 구조로 되어 있다. 주식가격의 등락에도 자신의 감정을 평온하게 유지할 수 있고, 동시에 체계적인 투자 훈련을 받고자 하는 사람들에게 단기매매를 추천한다. 장기투자는 뛰어난 통제력이 없어도, 단기투자처럼 몇 년간에 걸친 체계적인 훈련을 받지 않더라도 수익을 창출할 수 있기 때문에 개인투자자에게 되도록 장기투자를 추천한다.

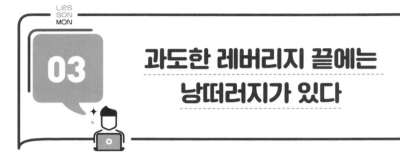

과도한 레버리지 끝에는 낭떠러지가 있다

강세장에서는 누구나 높을 수익을 올릴 수 있다. 코로나19 이후 10년 만에 탄생한 전 세계적인 주식시장의 강세장은 주식투자를 처음 시작한 주린이부터 오랜 투자 경험을 쌓은 투자고수에 이르기까지 모두에게 수익을 안겨주었다.

이때 누구도 쉽게 외면할 수 없는 유혹이 찾아오는데 그것은 바로 레버리지다. 레버리지는 대출을 받아서 투자하는 것을 말한다. 레버리지는 고수익을 창출하는 매우 중요한 방법이기도 하다.

대한민국 국민이라면 누구나 원하는 것이 바로 부동산 투자일 것이다. 대다수의 사람은 부동산 투자를 접하거나 공부하면서 이미 레버리지가 주는 이점에 관하여 잘 알고 있다. 10억 원의 집을 구매할 때 자기자본 3억원과 함께 대출금 7억 원을 지불했다고 가정해보자. 집값이 30% 상승하면 13억 원이 되고, 수익금은 3억 원으로 자기자본 대비 100%의 수익을 거둘 수 있게 된다. 투자자산에서 30% 가격이 상승할 때 원금 대비 100%의 수익을 얻게 된다는 것. 이처럼 레버리지는 확실한 투자 기회를 만났을 때 고수익을 올릴 수 있는 최고의 방법이다.

　하지만 주식시장에서 레버리지는 독이 되는 경우를 많이 볼 수 있다. 특히 상승장에서 많은 사람이 빚을 내어 투자한다. 때로는 집을 담보로 대출을 받기도 하고, 가족과 친지에게 돈을 빌려 주식시장에 참여하기도 한다. 주위에서 큰돈을 벌어들인 사례를 심심치 않게 듣게 되고 그러한 분위기에 동화되어 대박을 향해서 나아가게 된다. 투자자들은 활황장 분위기에 편승되어 과감하게 빚을 끌어서 투자하기 시작한다. 이 단계에서 투자자는 스스로 결정하는 것이 아니라 욕심에 지배를 받게 된다. 이 시점부터 이미 좋지 않은 결과를 예상할 수 있다.

　그 이유는 바로 레버리지를 올바르게 사용할 수 있는 투자 경험과 실력의 부재 때문이다. 많은 사람이 큰 수익을 얻었다고 해도 단 한 순간에 파산하는 경우를 부지기수로 볼 수 있다. 그것은 레버리지 때문이다. 레버리지는 달콤한 꿀과 같아서 한번 맛보면 빠져나오기 어렵다. 상승하는 시점에 레버리지를 통해서 꾸준히 수익을 내다가 정점에서 폭락하여 모든 걸 잃게 되는 것이다. 특히 고점에 있을 때 기존의 수익을 만든 원금과 함께 더 많은 부채를 차입하여 투자하는 경우를 자주 볼 수 있다.

　레버리지가 높다는 것은 투자에 있어서 자본 대비 부채의 비율이 높다는 것을 의미한다. 레버리지를 100% 사용할 경우 주식가격이 50% 하락하게 되면 깡통을 차게 된다. 주식가격이 10%만 하락해도 원금 기준으로 20%의 손실을 감당해야 하는 것이다. 또한 레버리지는 그 속성이 빚이기 때문에 우리의 마음을 초조하게 하고 불안하게 만드는 힘을 가지고 있다. 이로 인하여 올바른 투자판단을 어렵게 만든다.

안타깝게도 대부분 개인투자자들은 레버리지를 사용할 때 급등락에 견뎌낼 수 있는 훈련이 되어 있지 않다. 레버리지를 사용할 때 순자산만으로 투자하는 것과 동일한 평정심을 유지할 수 있어야 한다. 그래야만 주식이 급등락을 반복할 때 감정에 이끌려서 투자하지 않게 된다. 레버리지를 통해 매수할 때는 가능한 한 저가에 사는 것이 중요하다.

레버리지는 조급함의 산물이기도 하다. 조급하다는 것은 **빠르게 수익을 내고자 하는 마음**을 말하고, 이러한 마음은 투자가 내포하고 있는 위험을 무시하거나 간과하고 보지 못하게 만든다. 주식투자로 예를 들면 불나방과 같이 급등하는 종목만을 찾아다니거나, 잘 알지도 못하는 테마주를 공략하는 것이다.

대부분 개인투자자는 급등주와 테마주 같은 단기간에 고수익이 날 수 있는 종목에 대하여 경험을 충분히 쌓지 못한 채 매매한다. 리스크 통제가 가능한 수준에 이르지 못한 경우가 대부분이다. 이럴 때 여러 번의 투자 끝에 큰 손실을 보게 된다. 경험이 부족하여 익숙하지 못할뿐더러 두려움과 조급함이 맞물려서 실패 확률을 더 높게 만든다. 레버리지라는 유용한 수단을 통제하기 위해서는 적은 금액을 차입하거나 안전한 투자처를 발굴하여 투자하는 것을 추천한다.

레버리지 실패 사례

"레버리지 성공을 지속할 수 있을까?"라는 질문에 대한 나의 답은 "심히 어렵다"이다. 이에 대해 다음의 사례를 보여주고 싶다. 워런 버핏이 이끄는 버크셔 해서웨이Berkshire Hathaway의 초대 주주인 릭 게린Rick Guerin이라는 사

람이 있다. 릭 게린은 버크셔 해서웨이의 부회장인 찰리 멍거^{Charles Munger}의
친구였는데 IBM에서 세일즈맨으로 일하다가 투자 세계에 뛰어들었다. 그
는 투자계로 입문한 뒤 놀라운 성공을 거두었다.

릭 게린이 운용한 퍼시픽파트너스^{Pacific Partnes}는 1965년부터 1984년까지
19년 동안 누적 수익률은 22,200%에 달했다. 이는 당시 찰리 멍거를 비롯
하여 워런 버핏의 수익률을 뛰어넘는 성과다. S&P의 누적 수익률은 고작
316%였다.

릭 게린은 부를 더 빨리 축적하기 위해서 1970년대부터 돈을 빌리기
시작했다. 하지만 불행히도 1973년부터 1974년까지 다우존스지수가 약
50% 정도 하락하였고, 이때 게린은 레버리지를 사용하는 바람에 마진콜*
에 걸렸다. 이 당시 게린은 2년간(1973년~1974년) 무려 -62%의 누적 손실
을 얻었다. 또한 마진콜을 해결하기 위해서 초대 주주로 보유하고 있던 버
크셔 해서웨이 주식까지 워런 버핏에게 매도했다.

릭 게린의 사례처럼 과도한 레버리지는 큰 손실을 가져올 수 있는데 특
히 하락장에서는 그 피해가 더 막심하다. 자칫하면 전 재산을 잃어버리게
될 수도 있다. 만약 그가 그러한 큰 손실을 보지 않았다면 워런 버핏이나
찰리 멍거처럼 최고의 투자자 반열에 올랐을 것이다.

---

* 마진콜(margin call) : 선물계약 혹은 펀드 기간 중에 가격이 변동하여 손실이 발생할 때 그에 따른 추가 증거금을 납부
하라는 요구를 말한다.

끝까지 살아남지 못하는 이유

주식시장에서 살아남지 못하는 주된 이유는 욕심 때문이다. 욕심은 과도한 레버리지를 사용하게 만들고 동시에 자신이 통제할 수 없는 리스크를 무시하거나 간과하게 만든다. 초보 투자자나 숙련된 투자자 모두 이와 같은 유혹을 겪는다. 리스크를 무시한 채 고수익을 얻고자 무분별하게 레버리지를 사용하다 보면 주식시장에서 축적한 모든 자산을 빼앗길 수 있다. 자신이 잘 알지 못하는 투자처에 자금을 집행하는 경우가 많은데 그 이유를 파고 들어가 보면 한탕주의와 같은 욕심이 자리 잡고 있다.

욕심은 자신의 실력을 넘어서는 성과를 거두고자 하는 마음이다. 욕심으로부터 벗어나기 위해서는 실력만큼만 수익을 벌어야 한다는 생각이 필요하다. 그게 아니라면 분수를 넘어서는 투자를 하게 되고 결국에는 주식시장에서 퇴출된다. 주식시장은 단거리 달리기가 아니라 마라톤이라는 것을 기억해야 한다. 오버페이스를 하다 보면 완주하지 못하고 중간에 포기하게 된다.

주식을 사업이라고 생각하자. 사업을 하다 보면 내가 원하는 방향대로 가지 않는 경우를 자주 볼 수 있다. 스스로 이 사업은 반드시 성공할 것이라는 강한 확신을 가지고 추진하더라도 결과는 실패로 이어질 수 있다. 매 순간마다 "모 아니면 도"라는 투자 방식을 지양해야 한다. 사업이 일부 실패하더라도 재기할 수 있도록 항상 다음 플랜을 만들어 놓아야 한다. 그렇지 않으면 재기할 수 없을 정도로 큰 실패를 겪을 확률이 높다. 열 번을 연속으로 성공할 수 있다. 하지만 단 한 번의 실패로 모든 것을 잃을 수 있다. 누구나 투자를 하다 보면 반드시 실패하는 순간이 다가온다. 실패할 가능성을 항상 생각하는 것이 주식시장에서 살아남는 비결 중 하나다.

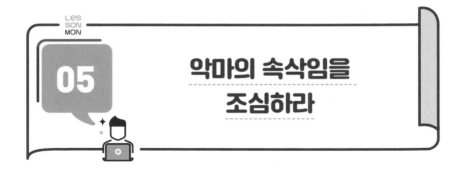

정보매매의 위험성

주식투자를 하다 보면 누구나 주위로부터 다양한 정보를 듣게 된다. TV 나 언론매체들을 통해서 정보를 접하기도 하고, 주변의 지인들을 통하여 정보를 얻기도 한다. 때때로 지인들은 "너한테만 알려줄게"라는 말과 함께 특급 정보를 전달해준다. 이는 듣는 사람에게 무척 매력적으로 다가온다. 시장에 공개되지 않은 귀한 정보를 얻었다는 생각에 들뜬 마음으로 다음 날 바로 주식을 매수하기도 한다. 하지만 결과는 좋을 수도 안 좋을 수도 있다.

다양한 루트를 통하여 들어오는 정보는 웬만한 사람들도 알고 있는 경우가 많다. 제3자가 대주주를 통하여 정보를 전달 받았다고 한들, 대주주의 주변 지인들은 이미 관련 정보를 접하고 다시 그들의 주변 사람들에게 소개했을 수도 있다. 다수의 사람들도 그 정보를 알고 있는 상태로 시장을 지켜보고 있다고 생각해야 한다. 그래야 신중하게 투자할 수 있고, 정보에 대하여 편견 없이 객관적으로 분석할 수 있다.

정보매매의 가장 큰 단점은 주식을 매수한 뒤에 대응하기 어렵다는 것이다. 주식 가격의 등락은 단순히 하나의 호재로만 이루어지는 것이 아니라 복합적인 요소로 구성된다. 전체적인 사안을 파악하지 못한다면, 제때에 대처하지 못하고 손실을 볼 가능성이 커진다. 이러한 매매를 계속 반복하게 되면 손실이 누적되어 시장에서 퇴출되기 쉽다.

또한 정보의 옳고 그름을 스스로 판단할 수 없다면 투자의 결과는 운으로 결정된다. 정말 신뢰하고 믿을만한 사람이 직접 제공해주는 정보라면 그 사람을 믿고 투자하는 것도 하나의 방법이다. 하지만 그렇다 하더라도 투자 결과에 대해서는 스스로 책임을 져야 한다. 전설적인 투자자 앙드레 코스톨라니는 "자기 나름대로 주관을 세우고 결정을 내릴 능력이 없는 사람은 주식에 손을 대지 말아야 한다"고 강조했다. 자신의 주관이 결여된 정보매매 투자는 대부분 비참한 결과를 야기하니 조심해야 한다.

정보매매의 실패 사례

악마의 속삭임이 얼마나 위험한지 필자의 경험을 빗대어 알리려고 한다. IT 버블 당시 주위에서 큰돈을 벌었다는 소리가 여기저기서 들렸다. 그 당시 친형님께서 비상장 사업에 주식을 사라고 추천을 해준 적이 있다. "아는 친구가 사업을 경영하고 있는데 상장을 하면 대박이 날 거야"라는 친형의 말을 의심 없이 믿고 투자를 했다.

지금 생각해보면 무척이나 한심하기 그지없는 투자였다. 그 당시에는 그 기업이 어떤 사업을 하는지도 모르고 투자했던 기억이 난다. 첫 투자를 집행한 후 유상증자에도 추가로 참여했었다. 결과는 한마디로 참패했다. 투자한 자산을 전부 잃어버렸다. 나는 실패를 겪으면서 다시는 이러한 실수를 반복하지 않겠다고 다짐했다.

하지만 악마의 속삭임은 연거푸 다시 나를 찾아왔다. 이번에도 역시 친한 지인을 통해서 다가왔다. 나의 조언을 듣고 자산을 크게 불린 지인이 있었는데, 어느 날 한 회사를 사고 싶다면서 나의 의견을 물었다. 나는 회사의 재무제표를 확인하고는 재무적인 상황이 좋지 않아서 매수하지 말라고 조언을 했다. 그러나 그 지인은 나의 바람과는 다르게 1억 원가량의 주식을 매수했다. 지인은 그 회사가 다른 회사와 체결한 계약서를 보았고, 확신에 차서 매수했다는 것을 들었다. 나는 확신에 찬 그 지인의 말을 믿고 주식을 매수했다.

내가 주식을 매수한 후부터 주식 가격은 계속해서 하락했고 마침내 상장폐지 됐다. 그나마 정리매매 때 주식을 매도하여 원금의 일부분을 회복했지만 결과는 암담했다. 나는 주식을 매도하면서 총 4주 남겨뒀다. 4주를 남겨둔 이유는 '죽을 사'를 기억하기 위해서였다. 바로 이렇게 주식을 하면 죽을 수 있으니 더는 이런 실수를 하지 않겠다는 다짐이기도 했다.

몇 년이 흐르고 악마의 속삭임은 한 번 더 찾아왔다. 투자의 결과를 굳이 말하지 않아도 알 것이다. 내부 정보만 믿고 투자했다가 수억 원의 손실을 보았다. 지금은 지나간 과거이기에 쉽게 얘기할 수 있지만 그 당시에는 큰돈을 잃었던 아주 쓰라린 경험이었다. 사실 여부에 대한 정확한 판단 없이 지인의 이야기나 특정 경로를 통해 들은 정보로 투자한다면 나와 비슷한 경험을 하게 될 것이다.

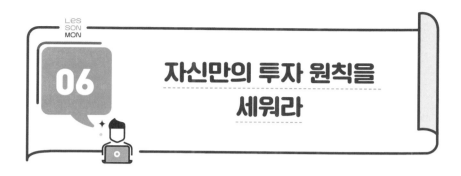

투자의 기준을 정확히 세워라

주식투자에서 가장 중요한 것을 꼽자면 '투자 원칙을 세우는 것'이라고
할 수 있다. 투자 원칙이란 오랜 실전 경험을 통해서 터득한 최적의 방법
을 말한다. 단기간 주가 등락을 견디지 못하고 주식을 팔아치우면 비로소
급등하는 주식을 하염없이 바라볼 수 있다. 지인의 이야기를 듣고 주식에
투자하면 급등하는 종목을 추격 매수하게 되어 고점에 물리거나 정확한
판단을 하지 못해 큰 손해를 볼 수 있다.

이러한 경험들을 통하여 해야 하는 일과 하지 않아야 하는 일들을 구별
하게 된다. 실패의 고통을 겪으면서 세운 투자 원칙은 투자자에게 든든한
울타리가 되어 손실을 막고 높은 수익을 제공한다. 독자들은 이런 뼈저린
후회와 경험을 통해 얻기보다는 이 책을 통해 먼저 자신만의 투자 기준을
정확하게 세우길 바란다.

반드시 투자 원칙을 지켜라

필자는 항상 스스로 세운 투자 원칙을 고수할 때만 꾸준한 투자 성과를 거둘 수 있었다. 투자 원칙을 지키라는 것은 몇 번을 강조해도 지나치지 않는다. 욕심이 유혹하고 조급함으로 인하여 초조하게 되고 하락의 두려움이 찾아오더라도 원칙 하에서 움직이면 큰 실수를 하지 않게 된다.

대부분 모든 자산을 잃어버리거나 큰 손실을 보는 것은 대부분 원칙을 벗어나서 무언가에 홀린 것처럼 투자하기 때문이다. 원칙은 오랜 경험을 통하여 검증된 것들이 대부분이므로 이러한 원칙을 고수하느냐가 투자 승패를 좌우하게 된다.

무엇을 깨달았다고 느꼈을 때 혹은 자신감이 넘쳤을 때가 가장 위험하다. 실력을 과신하면 할 수록 최선을 다하지 않게 된다. 스포츠 경기에서 상대방보다 뛰어난 실력을 소유했음에도 종종 패배하는 가장 큰 이유는 자만하기 때문이다.

어떤 투자든 쉬운 투자는 없다. 최선을 다하는 것이 오랜 기간 꾸준히 성공적으로 투자를 할 수 있는 비결이다. 그러기 위해서는 항상 과거 실패를 교훈삼아 겸손해야 한다. 나 자신이 주식투자를 잘한다고 느끼면 느낄 수록 역설적으로 실패률은 높아지게 된다.

Q 매매일지는 어떻게 작성해야 하나요?

A **매매일지를 작성하기 전에 매매일지를 쓰는 이유를 먼저 알아야 합니다.** 그렇지 않으면 매매일지를 지속해서 쓰기 어렵기 때문입니다. 매매일지를 작성하면 결과적으로 수익률이 높아집니다. 이는 체험한 사람만이 알 수 있습니다.

매매일지를 쓰면서 스스로 문제점을 파악할 수 있게 되고 실수를 반복하지 않게 됩니다. 투자를 하면서 확인해야 할 사항들을 놓치지 않게 됩니다. 투자 결과의 성공과 실패한 이유를 정확하게 파악할 수 있습니다. 이러한 과정을 반복하면서 자신만의 매매기법을 터득할 수 있습니다. 그렇기 때문에 종국에는 계좌의 수익률이 높아질 수밖에 없습니다.

매매일지를 작성하지 않고 매매를 계속하면 같은 실수를 반복하게 됩니다. 기록을 하지 않았기 때문에 자신의 문제점을 명확히 알 수 없기 때문이죠. 시간이 지나면서 실패한 기억은 서서히 잊혀집니다. 매수 또는 매도 원칙을 기록하지 않았기에 즉흥적인 매매를 하게 됩니다. 투자의 성과는 좋지 않게 되고 결과적으로 실력은 정체할 수밖에 없습니다. 천재 물리학자 아인슈타인은 "매번 똑같은 행동을 반복하면서 다른 결과를 기대하는 것은 미친 짓이다"라고 했습니다.

매매일지를 작성하는 것은 선택이 아니라 필수입니다. 매매일지는 작성하는 데 있어서 필수 요소는 두 가지가 있습니다. 첫 번째는 매수한 이유

(전략)와 매도한 이유(전략)를 작성해야 합니다. 매수 포인트와 매도 포인트를 작성하다 보면 자연스럽게 주식시장의 원리를 터득하게 됩니다. 또한 경험이 쌓일수록 성공적인 매매법도 알게 됩니다. 주가 등락이나 다양한 사건들이 발생하여 심리적인 불안함에 직면할 때도 매매일지를 확인하면서 부화뇌동하지 않고 원칙에 입각한 투자를 할 수 있습니다.

두 번째는 매매를 통해서 배우거나 느낀 점을 정리하는 것입니다. 매매를 통해서 고수익을 얻었더라도 충동적으로 매수하여 수익이 났다면 그것은 성공한 투자라고 보기 어렵습니다. 어떻게 해서 수익을 얻었는지 잘 모르기 때문입니다.

투자라는 경기를 치른 뒤 결과와 과정에 대하여 자신의 생각을 정리하고, 평가하고, 개선하는 작업이 필요합니다. 프로게이머는 게임 경기를 한 후에 자신의 경기 과정을 다시 보면서 평가하며 한 단계 성장합니다. 운동선수도 경기를 치루고 나서 자신의 경기를 되돌아보면서 단점을 보완합니다. 투자에서 성공하고 싶다면 투자자는 반드시 매매일지를 작성해야 합니다.

Q 매매일지 작성법을 알고 싶어요!

A 투자를 이제 시작한 초보자라면 다음의 7가지 요소로 매매일지를 정리하는 것을 추천합니다. 다음의 예시를 잘 살펴보고 엑셀파일이나 공책에 작성해보세요. 자신이 원하는 항목을 추가하거나 변경하여 자신만의 매매일지를 만드는 것도 좋습니다.

1. 날짜(매수, 매도)   2. 종목명   3. 매수가 / 매수 수량   4. 매수 이유

5. 매도가 / 매도 수량   6. 매도 이유   7. 교훈

구분	세부 내용	
날짜(매수, 매도)	2020년 3월1일~4월1일(매수)	2021년 5월1일~6월1일(매도)
종목명	HMM	
매수가 / 매수 수량	3,300원 / 100주	
매수 이유	코로나19로 인한 대폭락 발생, 업황 턴어라운드	
매도가 / 매도 수량	30,000원 / 50주	
매도 이유	적정가치 수렴, 차트 상 매도 신호 발생	
교훈	대위기가 도래하는 경우 절호의 매수 시점임을 재확인 향후 대위기가 도래할 경우 대량 매수 필요	

Q 투자 원칙은 어떻게 세워야 하나요?

A **투자 원칙을 제대로 세우기 위해서는 실전 투자 경험이 쌓여야만 합니다.** 투자 원칙을 정립하는 효과적인 방법으로는 3가지가 있습니다.

첫 번째는 대가들의 투자 방법을 벤치마킹하는 것입니다. 역사적으로 가장 위대한 투자자들의 투자 방법을 그대로 따라 하여 적용하는 것입니다. 자신의 성향에 맞는 투자법을 찾은 후에 그 투자법을 사용해보세요. 가장 뛰어난 성과를 거둔 투자자를 스스로 찾아보세요. 가치투자의 대가는 벤자민 그레이엄, 워런 버핏, 존 템플턴 등이 있습니다. 성장주투자의 대가라면 필립 피셔, 피터 린치, 윌리엄 오닐 등이 있습니다. 트레이더의 대가로는 제시 리버모어 등이 있습니다. 이들의 투자 방법이 기록되어 있는 저서를 참고하길 바랍니다. 대가들의 투자법을 배우고 익히는 데 충분한 시간이 필요하기 때문에 천천히 적용해나가는 시간이 필요합니다.

두 번째는 성공했던 투자 방법을 토대로 투자 원칙을 세우는 것입니다. 투자를 하면서 성공했던 투자 방법을 복기하는 것이 필요합니다. 성공했던 투자 경험을 잘 살펴보면 주가가 상승할 수 밖에 없었던 이유들을 파악할 수 있습니다. 이러한 경험을 바탕으로 자신이 어떤 투자를 지향해야 하는 지를 파악할 수 있습니다. 성공했던 투자 방법들이 쌓이면 쌓일수록 성공의 노하우를 얻을 수 있습니다.

세 번째는 반대로 실패했던 투자 방법을 바탕으로 투자 원칙을 세우는 것입니다. 투자를 하면서 실패했던 투자 방법을 복기하는 것이 필요합니다. 실패했던 투자 경험을 잘 살펴보면 주가가 하락할 수 밖에 없었던 이유들을 알 수 있습니다. 이를 토대로 어떤 투자를 피해야 하는지 파악할 수 있습니다. 실패했던 투자 방법들을 곱씹어서 기억하고 숙지할수록 실패 확률을 현저히 줄일 수 있습니다.

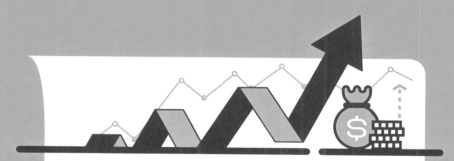

4^장

진정한
투자자로
변신

LES SON
MON

500만 원으로
시작한 투자

처음으로 주식시장에 입문한 연도는 1998년이었다. 직장생활을 하며 매달 50만 원씩 모아 500만 원을 만들었고, 그 돈으로 주식투자를 시작했다. 처음 시장에 입문하게 된 계기는 사업자금을 마련하기 위해서였다. 1998년도에 IMF가 발생하였는데 나라가 망한다는 뉴스와 함께 기업들의 부도 소식이 여기저기서 들렸다. IMF 당시 유례없는 폭락장이 발생하여 주가가 크게 하락한 상태였다.

나는 운이 좋게도 가장 투자하기 좋은 시기에 주식투자를 시작하게 되었다. 대부분의 사람이 주식을 기피하던 그 당시 내가 주식을 시작할 수 있었던 가장 큰 이유는 대학생 때부터 아버지의 투자를 지켜보면서 깨달은 바가 있었기 때문이다. 아버지는 활황일 때 주식을 매수해서 폭락할 때 매도하는 식으로 투자를 했었고 그로 인하여 손해를 많이 입었다. 나는 아버지가 투자하는 모습을 보면서 '아버지와 반대로 하면 돈을 벌 수 있겠군.' 하는 생각을 항상 했다. 이러한 경험을 바탕으로 코스피가 대폭락하는 시기인 IMF 때 주식투자를 시작하는 기회를 잡을 수 있었다.

처음 주식을 매매할 때 관련된 지식이 전혀 없었다. 주식에 관하여 공부를 해본 적이 없었다. 몰랐던 것이 용기라면 용기일까. 아무런 준비 없이 주식을 시작했다. 다만 내가 알고 있었던 한 가지는 미래 전망이 좋은 주식을 매수해야 한다는 것이었다. 당시 종목을 찾기 위해 신문의 증권파트를 찬찬히 살펴봤다. 다양한 기업들의 소식 중 LG정보통신*이 눈에 띄었다. 그 당시 통신 분야가 유망한 업종으로 각광받고 있었다. 나는 머지 않아 많은 사람이 휴대폰을 쓸 것으로 예상했고 휴대폰을 만드는 회사에 투자해야겠다고 생각했다.

휴대폰을 제조하는 회사들을 찾았고 그중 LG정보통신이 가장 규모가 크고 유망해보였다. 가지고 있던 모든 돈을 LG정보통신에 투자했다. 운이 좋게도 6개월 만에 주가는 10배 가까이 상승했다.

20년이 지난 현재 시점에서 IMF 당시를 돌아보면 10배 이상 주가가 올랐던 주된 이유는 시장이 좋았기 때문이라는 것을 알 수 있었다. 최고의 수익은 항상 최악의 위기를 동반하며 탄생한다.

---

* LG정보통신: 1979년 금성반도체로 출발해 2000년 LG전자에 흡수 합병된 종합 정보통신회사이다.

02 시드머니는 어떻게 만들어야 할까

　나는 LG정보통신으로 벌었던 수익을 가지고 전기 공사 관련 사업을 시작했다. 앞에서도 말했던 것처럼 결국 추진했던 사업은 실패했고 주식으로 벌었던 돈을 모두 잃었다. 다시금 돈을 벌어야 했던 나는 다행히 좋은 기회를 만났다. KTF라는 비상장주식을 1주당 7,000원에 장외주식으로 판매한다는 전단지를 발견한 것이다. 나는 흥분을 감출 수 없었다. 왜냐하면 그 당시 동일한 사업을 하는 SK텔레콤의 주가가 100만 원에 육박했었기 때문이다. KTF가 상장하면 대폭으로 주가가 상승할 것으로 생각했다. 가용할 수 있는 모든 돈을 끌어 모아서 1999년 말에 KTF 비상장 주식을 매수했다. 그 당시 비상장주식을 주당 1만 원에 500주, 500만 원어치를 매수하였고, 유상증자에도 참여하여 추가로 500만 원을 투자하였다. 운이 좋게도 1년 만에 KTF가 상장하면서 주당 30만 원까지 상승했다. 나는 고점에서 팔지 못하고 10만 원대에 매도하였고 약 10배의 수익을 얻었다. 이를 통해 귀한 종잣돈을 마련할 수 있었다.

2000년도 IT버블의 시대가 찾아왔고 다양한 IT 관련주에 투자했다. 투자자라면 누구나 한 번쯤 들어봤던 새롬기술*에도 투자를 했다. 핸디소프트에도 투자했는데 증자까지 참여했었다. 그 당시에는 회사의 사업군에 전자상거래만 추가하여도 상한가가 속출하던 때였다. 묻지마 투자가 유행하던 시기였고 회사의 내용과는 상관없이 IT와 연관만 되면 주가가 올랐다. IT버블 당시에는 누구나 큰 수익을 거둘 수 있었고 나 또한 마찬가지로 큰 수익을 얻었다. 대부분은 IT버블이 붕괴되는 시점에 큰 손실을 보았다. 나는 운이 좋게도 IT 버블이 붕괴되는 초입 단계에서 빠져나올 수 있었다.

그 다음으로 한길무역이라는 개별종목에도 투자했다. 신문 기사에서 한길무역이 M&A의 가능성이 있다는 기사를 보고 매수했다. 나는 1년 동안 주식을 보유하면서 100% 정도 수익을 보고 매도했다. 하지만 그 후 실제 M&A건이 진행되어 주가가 10배 이상 상승했다. 한길무역은 현재 제이콘텐트리로 사명을 바꾸었고, 제이콘텐트리는 메가박스를 소유한 기업으로 영화관련주다. 그 당시 100억 원의 시가총액이 현재 7000억 원대로 성장한 상태다. 만약 20년간 꾸준히 보유했다면 수익은 60배에 달했을 것이다.

---

* 새롬기술: 1994년 8월 설립되어 1999년 8월 코스닥시장에 상장됐다. 2004년 3월 상호를 새롬기술에서 솔본으로 변경했다.

저가주 사냥꾼, 한국의 월터 슈로스를 꿈꾸다

투자 철학 정립의 배경

1990년대 중후반부터 닷컴이 붙은 회사들이 계속 상승했다. 하지만 버블이 끝난 2000년 즈음 IT 버블도 꺼지며 주가는 폭락에 폭락을 거듭했다. 2008년 글로벌 금융위기 이후 차화정(자동차, 화학, 정유)이 견인하는 시장도 보았다. 하지만 성장주는 영원하지 않았다. 이걸 깨닫고 나서는 리스크를 바라보기 시작했다.

나는 리스크가 적고 고수익이 가능한 투자 방법을 찾기 시작했다. 다양한 투자 전략을 활용하여 다수의 종목을 매수하면서 저가주와 소외주들이 적은 리스크와 함께 큰 폭으로 상승을 할 수 있다는 것을 체험했다. 특히 시장으로부터 극도로 소외되고 아무도 그 기업에 관심을 두지 않는 종목들이 수익률이 높았다. 저평가되어 있으며 자산가치가 있고 망하지 않는 기업을 선택하는 것이 고수익을 내는 방법이었다. 실제로 100%씩 올라가는 종목들이 많았다. 나는 그때부터 소외주와 저가주를 집중적으로 찾기 시작했다. 스스로 저가주 사냥꾼을 자처했고, '저삼고팜'이라는 필명을 사용했다. 나중에 회사의 직원이 나와 같은 투자 스타일을 가지고 있는 전설의 대가가 있다고 소개해줬다. 그의 이름은 월터 슈로스^{Walter Schloss}이다.

참고로 월터 슈로스는 가치투자의 창시자 벤저민 그레이엄에게 사사 받은 인물 중 한 명으로 워런 버핏과 함께 근무했다. 그의 투자 전략을 간단하게 요약하면 그는 재무제표를 분석하여 자산 가치에 비해 싸게 거래되는 주식을 매입하고 5년간 보유하는 전략을 취했다. 목표수익률은 2배였으며, 5년이 되기 전에 2배가 상승하였을 경우 주가가 더 오를 것 같아도 원칙대로 매도했다. 평균적으로 4년간 주식을 보유했다고 한다.

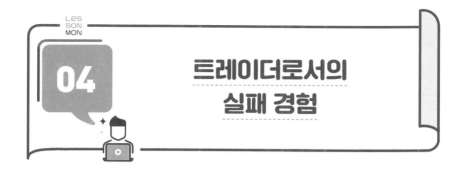

LES
SON
MON

04

트레이더로서의
실패 경험

실패를 통해 배운 교훈

나는 2000년 초반에 본격적으로 전업투자를 시작했다. 그 당시 사무실을 같이 쓴 사람이 있었는데 그는 데이트레이더였다. 나는 가치투자자로 주식을 사놓고 장기적으로 보유하고 있었고 데이트레이더인 그는 매일 매수와 매도를 반복했다. 같은 사무실을 쓰다 보니 옆 사람의 매매가 눈에 띄기 시작했다. 덕분에 나도 자연스럽게 데이트레이더에 관심을 두게 되었고 단타 매매를 시작했다.

그 데이트레이더는 신용을 자주 사용하면서 주식을 매매 했던 것으로 기억한다. 나도 그를 따라 신용을 쓰면서 거래하기 시작했다. 신용으로 주식을 매수하다 보니 시간에 쫓기게 되었고 조급해졌다.

나는 단기매매에서 계속 손해를 봤다. 손실이 지속되면서 내가 했던 매매패턴을 다시 살펴보았다. 고점에서 주가가 오를 때 따라가서 매수하고 있다는 사실을 알 수 있었다. 의식하지도 못하고 있었는데 항상 비슷한 매매패턴을 반복하고 있었다. 고점에서 주가를 계속 매수하다 보니 자연스럽게 조정을 받게 되고 눌림목 구간에 진입하면서 손해를 볼 수밖에 없었다.

특히 주가가 계속 오를 때 조바심을 느껴 쫓아갈 때 항상 손해를 봤다는 것을 알 수 있었다. 주식은 조급함에 쫓기면 실패할 수밖에 없다는 것을 몸소 겪으며 배울 수 있었다. 과도한 신용을 사용하게 되면 주가가 폭락할 때 멘탈을 유지하기 힘들다. 자신이 감당하기 힘든 규모의 신용을 사용하면 항상 일희일비할 수밖에 없게 되고 결과적으로 손해를 볼 확률이 높아진다.

■ 상한가 따라잡기 실패

사무실에서 일부 자금을 단기매매로 활용하면서 상한가 따라잡기도 많이 시도했다. 상한가 따라잡기를 하다 보면 다른 것은 다 상한가를 가는데 내가 잡은 상한가는 대부분 무너졌다. 내가 매수하려고 했지만 매수하지 못했던 상한가들은 그 후에도 상승하는 경우가 많았는데 내가 매수할 수 있었던 상한가들은 신기하게도 떨어질 때가 많았다.

원인이 무엇일까 고민해보니 상한가를 바로 직행해서 가는 것들은 개인들에게 물량을 나눠주지 않고 바로 급등한다. 그렇기 때문에 내가 쉽게 살 수 있었던 종목들은 대부분 끝물인 경우가 많았다. 즉, 이미 수익을 본 사람들이 물량을 매도할 때, 그 타이밍에 주식을 샀던 것이다. 무작정 상한가를 간다고 따라잡다가는 낭패를 볼 수 있다. 초보 트레이더들은 과거의 나와 비슷한 매매를 하는 경우가 많다. 주식시장에서 살아남기 위해서는 매매일지를 반드시 기입하여 스스로 자신의 잘못을 깨닫고 개선해야만 한다.

■ **스톡론**^{stock loan} **투자 실패**

나는 2007년에 스톡론이 처음 등장한 시기에 바로 사용한 적이 있었다. 스톡론은 고객의 증권계좌를 담보로 주식 매입 자금을 대출해주는 상품을 말한다. 스톡론은 계좌별로 사용이 가능하며, 여러 계좌로 나누어서 사용할 때 더 큰 금액을 대출할 수 있다. 나는 계좌를 여러 개로 나누어서 스톡론을 사용하여 주식을 매수했었다. 그런데 내가 매수한 후부터 주가가 하락하면서 바로 반대매매(시세 급락에 따른 강제 주식 처분)에 들어가는 것을 경험하였다.

설마 했던 일을 겪고 나서는 절대 스톡론을 쓰지 않기로 결심했다. 이후 나는 한 번도 스톡론을 쓰지 않았다. 주식시장은 반복적으로 상승과 하락을 거듭하는데, 하락하는 경우에 자동적으로 반대매매가 발생하니 나의 의지와는 상관없이 바로 로스컷^{Loss Cut, 손절매}이 되기 때문이다. 스톡론이나 주식담보대출을 과도하게 사용한다면 높은 수익이 예상되는 기업을 매수했더라도 단기간에 주가가 하락할 때 손실을 보게 된다. 장기적으로 10배가 오르는 기업을 매수하더라도 오히려 손해를 볼 수 있다.

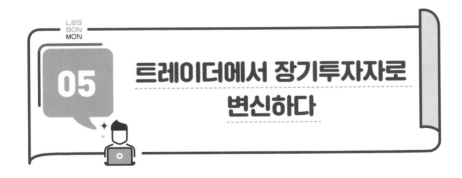

트레이더에서 장기투자자로 변신하다

대륙제관

2006년 무렵 나는 대륙제관이라는 부탄가스를 만드는 기업에 투자를 했다. 당시 대륙제관은 전체 부탄가스 생산을 담당하는 공장에 대형 화재가 발생하면서 주가가 큰 폭으로 하락한 상태였다. 화재로 인하여 부탄 캔 생산라인의 대부분이 소실된 상태로 공장 정상화까지는 최소 6개월의 기일이 소요될 만큼 큰 사건이었다. 대륙제관은 과거부터 안정적으로 이익을 창출하는 회사였는데 마침 화재가 발생하여 좋은 매수 찬스로 삼았다.

위기이거나 회사가 어려움을 겪을 때가 반대로 최적의 매수 시기라는 것을 알고 있었다. 대륙제관 주가가 크게 폭락하여 저평가된 상태였다. 향후 공장을 복구한 후 매출이 회복된다면 주가는 다시 상승할 것으로 예상했다. 단기적인 악재가 발생하여 주가가 폭락한 후 주가가 상승하는 것은 당연하기에 주가는 다시금 제자리를 찾아갔다.

나는 주식을 계속 매수하였고 지분 신고를 진행했다. IR 담당자와 지속적으로 연락을 했다. 회사 측과 활발하게 소통하면서 회사 상황에 대해 긴밀히 파악할 수 있었다. 나는 반찬 관련 사업을 진행하고 있었기에 식당 관계자를 많이 알고 있었다. 식당에 갈 때마다 대륙제관의 주주로서 부탄캔 제품을 홍보했다. 대륙제관의 매출을 올려주는 데 조금은 기여했다고 생각한다.

또한 대륙제관은 대형 화재 사고를 계기로 오랜 연구 개발 끝에 불타지 않는 부탄가스를 개발했다. 해당 신제품은 매출 성장에 큰 기여를 했다. 훌륭한 경영자와 최선을 다하여 일하는 직원들 덕분에 대륙제관의 매출은 꾸준히 상승했다. 2006년 화재가 발생할 당시 대륙제관 주가는 850원까지 하락하였고 2015년 9,900원대까지 상승하여 10년 동안 약 11배 이상 주가가 상승했다. 성장하는 기업을 위기에 매수하여 장기 보유한다면 큰 수익을 거둘 수 있다는 사실을 다시금 확인할 수 있었다.

국일제지

나는 제지를 전문적으로 생산하는 국일제지에 투자했다. 대주주 지분이 높았고, 회사가 보유하고 있는 자산가치가 시가총액을 상회할 만큼 높았기 때문이다. 국일제지의 자회사를 확인해본 결과 자산가치가 300~400억 원 정도 되었으며, 시가총액은 100억 원으로 PBR(주가순자산비율)이 0.2~0.3에 머무르고 있었다. 매년 벌어들이는 이익은 50억 원가량이었는데 시가총액이 100억 원밖에 되지 않았다.

현재 성장 동력을 잃어버린 제지 분야를 벗어나거나 새로운 사업을 시도하지 않을까 하고 생각했다. 높은 이익, 우수한 자산가치, 신사업 가능성 등을 고려하여 확실한 기회라고 생각하여 투자했다. 특히 국일제지의 경우 보유자산에서 부동산의 비중이 상당히 많이 차지하고 있다. 국토부 관련 자료를 통하여 확인해본 결과 도시 계획상의 주거지역으로 변화가 가능한 공장 부지였다. 이미 상당한 자산가치를 보유하고 있음에도 더 높은 상승이 가능한 상황이라는 것을 확인했다. 나는 대량으로 지분을 매수하여 지분신고를 했다. 주가는 예상대로 계속 상승하기 시작했다. 추가적으로 국일제지가 첨단 신소재인 그래핀 관련 사업을 추진하면서 주가는 폭등하기 시작했다. 국일제지는 2015년 1월 130원에서 2019년 8,300원까지 상승하여 60배 이상으로 주가가 상승했다. 나는 장기간 주식을 보유하였고 주식을 분할 매도하면서 원금 대비 약 10배 정도의 수익을 거뒀다.

Q 주식을 처음 시작하는 주린이입니다.
종목선정을 어떻게 해야 하나요?

A **주식을 시작한 후 처음부터 스스로 종목을 선정하기에는 무리가 있습니다.** 주식시장에 대한 이해도가 부족하기 때문입니다. 시장에 대한 이해도를 높이기 위해서는 전문가들의 도움을 받는 것이 필요합니다. 주식을 처음 하거나 초보자들의 경우 3가지 방법으로 종목을 선정할 수 있습니다.

첫 번째는 증권방송에서 추천하는 종목을 기반으로 선정하는 것입니다. 한국경제TV 같은 다양한 증권방송 채널에서 소개하는 종목들을 관심 종목군으로 정리합니다. 일반적으로 경제 채널에서는 시황 및 산업을 분석한 후에 개별 기업 상황을 참고하여 관련 종목들을 추천합니다. 추천한 종목들의 이유를 정리한 후 자신이 원하는 종목을 선정하면 됩니다. 이러한 과정을 통하여 주식이 상승 또는 하락하는 이유와 주식 시장이 움직이는 원리를 점차 알아갈 수 있습니다.

두 번째는 경제신문을 통하여 종목을 선정하는 것입니다. 신문은 정치, 경제, 문화, 기업 등 다양한 내용을 소개하고 있습니다. 국내뿐만 아니라 해외의 주요 이슈까지도 자세하게 설명합니다. 이를 통하여 경제 전반의 상황을 파악할 수 있으며, 미래의 유망 산업도 예상해볼 수 있습니다. 신문에는 현재 가장 중요하게 여겨지는 사건을 중심으로 담기 때문에 향후 일어날 사건들을 상상하는데 도움을 얻을 수 있습니다. 증권 면에서 주식 종

목에 관하여 전문가들의 견해를 소개하고 관련 종목을 추천하므로 참고하면 됩니다. 자신이 종사하고 있거나 관심 있는 분야의 기사들을 읽고 향후 전망이 밝은 기업들을 정리한 후 선정하길 추천합니다.

세 번째는 애널리스트가 추천하는 종목에서 선정하는 것입니다. 한경컨센서스(consensus.hankyung.com)는 증권사에서 발간하는 대부분의 애널리스트 보고서를 무료로 구독할 수 있습니다. 애널리스트들은 기업을 분석하여 발간하는 작업을 합니다. 전문가들이 종목을 어떻게 선정하는지를 배울 수 있고, 시장을 바라보는 관점을 터득할 수 있습니다. 애널리스트가 추천하는 종목들은 최소한 전문가의 선별을 거친 것이므로 투자종목을 선정하는 데 있어서 최소한의 안전장치를 제공해줍니다. 애널리스트가 선별한 종목들은 테마주처럼 대폭락하거나 상장폐지가 되는 경우는 매우 드뭅니다. 또한 애널리스트 보고서에는 기업에 관련된 내용과 투자 포인트가 있으므로 판단하기에 용이합니다. 애널리스트들의 추천 종목을 정리한 후 자신이 원하는 종목을 선정하면 됩니다.

Q 주식투자를 잘하고 싶은데 어떤 부분을 집중적으로 공부해야 하나요?

A **주식투자를 잘하기 위해서는 크게 사업적인 부분과 심리적인 부분을 공부하는 것에 집중해야 합니다.** 주식시장은 크게 기업가치와 투자자 심리 두 가지 요인으로 움직인다고 볼 수 있습니다. 기업의 가치는 기본적으로 자산가치, 수익가치, 성장가치 3요소로 이루어집니다. 경제적인 호황이 오거나 신제품을 출시하는 등의 활동을 통하여 기업들은 고객에게 제품을 팔 수 있게 되고 이익을 얻을 수 있습니다. 이러한 활동이 반복되면서 점차 높은 이익을 거둘 수 있습니다. 수익가치가 상승하는 것이지요.

기업이 영업활동을 통하여 돈을 벌어들이면서 자산을 축적하게 됩니다. 이익의 규모가 크고 영업활동의 기간이 길수록 자산의 규모가 증가합니다. 이에 따라 기업의 자산가치도 상승하게 됩니다. 기업은 마케팅 활동을 통하여 시장의 점유율을 증가시키고, 신제품 개발을 통하여 새로운 시장을 개척하면서 성장하게 됩니다. 기업은 이러한 활동을 반복하며 미래의 성장 가능성과 함께 성장가치가 증가합니다. 이러한 3요소를 통하여 기업의 가치를 평가할 수 있습니다.

수익성의 지속 여부를 알기 위해서는 회사가 팔고 있는 제품, 수익모델, 경쟁사, 고객만족도 등을 알아야 합니다. 기업의 성장성을 알기 위해서는 시장전망, 산업현황 뿐만 아니라 이 기업만의 차별화된 강점이 있는지 파

악해야 합니다. 자산가치를 알기 위해서는 재무제표를 통하여 현금, 부동
산, 시설 등의 자산을 확인해야 합니다. 처음 투자를 시작하는 사람들은 이
러한 부분을 찾아보기 어렵다고 생각할 수 있지만, 실제로는 크게 어렵지
않습니다. 금융감독원 전자공시시스템(dart.fss.or.kr)에서 상장기업에 관련
된 모든 사업보고서를 볼 수 있습니다. 이곳에서 기업의 전반적인 정보를
확인할 수 있습니다. 또한 애널리스트들이 국내외 전체 산업현황을 매주
혹은 매달 보고서를 발간하고 있습니다. 투자 정보를 취급하는 카페 등을
활용하면 산업에 종사하는 사람들의 이야기도 쉽게 접할 수 있습니다.

투자자의 심리를 알기 위한 가장 쉬운 방법은 차트를 공부하는 것입니
다. 차트를 통해서 사람들의 심리 상태를 파악할 수 있습니다. 주가가 오랜
기간 횡보하고 있는 차트를 본다면 그 주식을 보유한 사람들이 느끼는 심
리 상태를 파악할 수 있습니다. 그들은 오랜 시간을 기다리면서 지루함을
느끼고 있으며 동시에 스트레스를 크게 받고 있을 것입니다. 다른 종목들
이 계속 오르는 동안 자신이 보유하고 있는 종목의 주가는 제자리걸음을
하고 있다고 느끼기 때문입니다.

결국 기다림에 지쳐 이제는 팔고 싶다는 강한 마음을 가지고 있을 것입
니다. 횡보 기간이 길게 지속된 종목은 사람들의 관심이 거의 사라져서 거
래량이 최저치를 기록하는 현상을 보이게 됩니다. 이러한 종목들은 소수
의 사람들을 빼놓고는 전부 주식을 매도하고 나갔다고 볼 수 있습니다. 지
루하고 힘든 감정 상태를 꾸준히 견딜 수 있는 사람은 거의 없습니다. 이

때가 주식을 매수하는 적정 시점입니다.

　차트가 상승하면 이와는 정반대의 심리 상태를 확인할 수 있습니다. 주가가 오르면 계좌에 수익률이 빨간불로 바뀌고 투자자들의 마음은 즐겁겠지요. 시간이 흐르고 주가가 점차 오를수록 투자자는 수익을 실현하고자 하는 마음이 커집니다. 특히 어느 시점 이상 상승하면 대량의 투매가 나오는데 이는 사람들의 심리 상태가 비슷하기 때문입니다. 비싸다고 생각하고 있을 때 주가가 하락하면 모두의 생각이 옳다고 입증이라도 한 것처럼 매도 물량이 쏟아집니다. 상승하던 주가는 일정 부분 하락하게 되고 다시 상승하는데, 이때 투자자들은 주가가 다시 오른다는 생각으로 매수에 나섭니다. 그리고 다시 한 번 주가가 상승 가도를 달리면 그동안 매수하지 못했던 투자자들은 흥분을 주체하지 못하고 매수에 가담합니다. 주가는 가파르게 상승하여 정점에 도달하고 수익을 실현하고자 하는 사람들이 동시에 매도하면서 주가는 다시 하락을 반복합니다. 이렇게 차트를 통해서 군중들의 심리 상태를 파악할 수 있습니다.

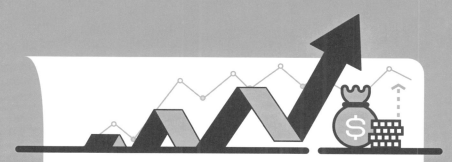

5^장

슈퍼개미
배진한의
주식투자 전략

PART1

Les son
MON

주식투자에서 가장 중요한 것을 꼽으라고 한다면 원칙을 세우는 것이다. 투자의 원칙이란 오랜 시간 투자하면서 스스로 해야 할 것과 하지 말아야 할 것은 정리한 자신만의 투자법을 말한다. 투자 원칙에는 투자자의 철학이 녹아 있어야 한다.

나는 투자를 하면서 항상 5가지의 원칙을 지키려고 노력한다. 20년 동안 주식투자를 하면서 5가지 투자 원칙을 지켰던 경우에 투자의 성공확률이 높았을 뿐만 아니라 높을 수익률까지 얻을 수 있었다.

5가지 투자 원칙이란

- **1원칙**: 최대주주의 의지와 지분율을 살펴라
- **2원칙**: 재료가 나올 기업에 주목하라
- **3원칙**: 실적 성장과 재무적 안정성이 보장된 기업에 투자하라

- **4원칙**: 멘탈(심리)을 이길 정도로 확신할 수 있는 기업에 투자하라
- **5원칙**: 차트를 통해 매수·매도 타이밍을 파악하라

이것은 다섯 글자로 요약하면 '대재수심차'라고 할 수 있다. 대주주, 재료, 숫자, 심리, 차트까지 다섯 단어에서 앞 글자만 따온 말이다. 큰 재수를 심는다는 의미이다. 한마디로 재수가 몰려온다고 생각하면 된다. 독자들이 쉽게 기억하여 투자에 적용하길 바라는 마음으로 이러한 단어를 만들었다. 그럼 구체적으로 그 방법에 대해 이야기해보자.

◆ 슈퍼개미 배진한의 성공투자 5원칙

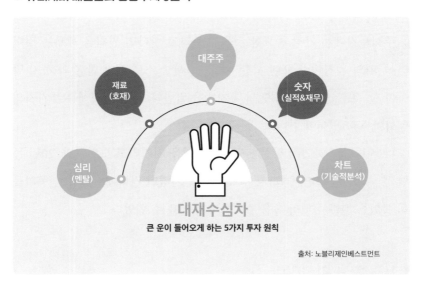

1원칙: 최대주주의 의지와 지분율을 살펴라

투자자는 기업에 자본을 투자하고 최대주주(또는 창업자)는 그 자본을 바탕으로 기업을 경영한다. 기업의 성공을 결정짓는 가장 중요한 요소는 최대주주이다. 최대주주가 어떤 방향으로 사업을 이끌어 가는지 그 의도를 파악하는 것이 중요하다. 창업자(또는 대표이사)의 역량에 따라 기업은 성공하기도 하고 실패하기도 한다. 미래 주가의 방향에도 큰 영향을 끼친다. 최대주주의 도덕성에 문제가 있는 경우 주식은 폭락하기도 한다.

삼성전자의 성공 신화는 이병철 선대 회장으로부터 이건희 회장에 이르기까지 투톱으로 만들어졌다. 이건희 회장은 1987년 취임한 이후 32년간 삼성의 자산을 7600% 이상 증가시켰으며, 매출은 3000% 이상 성장시켰다. 대한민국에서 이러한 성과를 거둔 회사는 전무하다.

1993년 6월 3일 프랑크푸르트에서 이건희 회장이 "마누라와 자식 빼고 다 바꿔라"라는 신 경영 선언은 현재까지 회자될 정도로 대한민국 기업사에 지대한 영향을 끼친 사건으로 기록되고 있다. 삼성전자가 전 세계에서 손에 꼽히는 글로벌 기업으로 성장한 것은 이건희 회장의 탁월한 경영 능력과 미래를 보는 선구안의 공이 컸다.

◆ 故 이건희 회장 취임 이후 삼성그룹 자산 및 매출 변화

단위: 십억 원

故 이건희 회장 취임 삼성그룹 자산 및 매출 변화							
1987년		2019년		증감		증감률	
자산	매출	자산	매출	자산	매출	자산	매출
10,400	9,900	802,909	314,512	792,509	304,612	7620.3%	3076.9%

출처: 금융감독원전자공시시스템

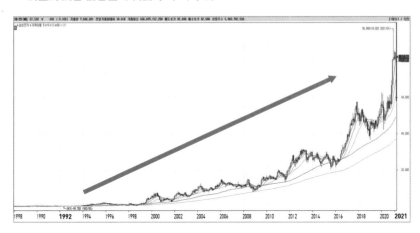

현재 대한민국을 대표하는 CEO 중 SK그룹 최태원 회장은 1998년 취임한 이후 22년 동안 SK 그룹의 자산 규모를 560% 증가하게 했다. 매출 규모는 330% 늘었다. 최 회장은 기업의 생존을 위해서 반드시 필요한 것은 딥체인지^{deep change, 근본적 변화}를 항상 강조했다. "10년 뒤 무엇을 해야 할지 늘 생각해야 한다"라는 말을 지론으로 삼고 경영하고 있다. 그는 자신의 경영 철학을 그대로 실천하는 경영인으로 유명하다. 반도체, 바이오, 에너지 사업 등을 성장 동력으로 추진하고 있으며, 손 데는 사업마다 잭팟을 터트리며 성공 신화를 이어가고 있다.

◆ 최태원 회장 취임 이후 SK그룹 자산 및 매출 변화

단위: 십억 원

최태원 회장 취임 이후 SK그룹 자산 및 매출 변화							
1998년		2019년		증감		증감률	
자산	매출	자산	매출	자산	매출	자산	매출
34,185	37,449	225,526	161,353	191,641	123,904	559.7%	330.9%

◆ 최태원 회장 SK 하이닉스 인수 후 주가 추이

　　최대주주의 지분율을 파악하는 것이 중요하다. 최대주주의 지분율이 높은 곳으로 이익이 집중되는 경향이 있기 때문이다. 다음은 화천기공과 화천기계의 주식이다. 화천기공은 화천기계에 대주주로 경영하고 있다. 화천기계는 화천기공으로부터 3분기 기준으로 400억 원가량의 관련 제품들을 매입한다. 화천기계가 화천기공으로부터 제품을 매입할 때 그 매입 단가는 경영자인 최대주주가 정한다고 봐도 무방하다. 최대주주가 직접적으로 주식을 보유하고 있는 화천기공의 이익이 월등히 높음을 알 수 있다. 각 회사 제품의 경쟁력 및 비즈니스 모델 등으로 인하여 이익의 차이가 발생한다.

　　하지만 차이를 만드는 것은 대주주이다. 대주주가 의도하는 대로 기업의 수익성은 달라진다. 최대주주의 지분율이 높은 곳으로 수익이 높아지는 경향이 있으며, 주가의 상승 동력도 더 높기 때문에 최대주주의 지분율을 반드시 살펴봐야 한다.

◆ 화천기계, 화천기공 주주현황 및 재무제표

화천기계 010660 [코스피]

[기준: 2021.03.09]

주요주주	보유주식수(보통)	보유지분(%)
⊟ 권영열 외 4인	7,598,160	34.54
화천기공	6,589,800	29.95
권영열	508,540	2.31
권영두	313,690	1.43
서암기계공업	132,000	0.60
권영호	54,130	0.25
자사주	2,200,000	10.00

주요재무정보	연간				
	2015/12 (IFRS별도)	2016/12 (IFRS별도)	2017/12 (IFRS별도)	2018/12 (IFRS별도)	2019/12 (IFRS별도)
매출액	2,319	1,955	2,084	1,807	1,597
영업이익	38	-3	3	-31	-93
영업이익(발표기준)	38	-3	3	-31	-93
세전계속사업이익	28	-26	8	-5	-66
당기순이익	23	-25	6	-7	-61

화천기공 000850 [코스피]

[기준: 2021.03.09]

주요주주	보유주식수(보통)	보유지분(%)
⊟ 권영열 외 7인	1,073,167	48.78
권영열	514,541	23.39
권형석	219,909	10.00
권형도	113,895	5.18
권형분	108,525	4.93
서암문화재단	65,817	2.99
권형복	22,785	1.04
권영두	22,000	1.00
권계형	5,695	0.26
신영자산분봉	161,295	7.33
국민연금공단	157,971	7.18

주요재무정보	연간				
	2015/12 (IFRS연결)	2016/12 (IFRS연결)	2017/12 (IFRS연결)	2018/12 (IFRS연결)	2019/12 (IFRS연결)
매출액	1,993	1,748	2,084	2,156	2,065
영업이익	111	42	110	86	69
영업이익(발표기준)	111	42	110	86	69
세전계속사업이익	197	83	113	154	99
당기순이익	160	72	87	127	75

◆ 화천기계, 화천기공 특수관계자 거래현황

화천기계 010660 [코스피] 📷 2021.03.10 14:54 기준(장중)

1. 대주주와의 영업거래

(단위: 천원)

구 분	특수관계자명	제 46(당) 기 3분기				제 45(전) 기 3분기			
		매출	기타수익	매입	기타비용	매출	기타수익	매입	기타비용
유의적인 영향력을 행사하는 기업	화천기공(주)	-	504,504	47,545,822	442,804	-	618,687	52,721,440	144,211

화천기공 000850 [코스피] 📷 2021.03.10 14:59 기준(장중)

나. 당분기 및 전분기 중 특수관계자와의 주요 거래내역

(단위 : 천원)

구 분	특수관계자명	당분기				전분기			
		매출	기타수익	매입	기타비용	매출	기타수익	매입	기타비용
관계기업	화천기계(주)	47,969,113	31,489	3,611,094	148,163	52,721,440	247,097	4,735,500	151,443
	서암기계공업(주)	64	800	1,918,153	-	2,142	-	2,726,841	-
그밖의특수관계자	티피에스코리아(주)	-	6,365	3,034,701	-	-	-	4,327,866	-
	엠티에스(주)	2,769	8,202	1,138,479	-	-	-	-	-
	(주)에프앤가이드	-	-	-	5,400	-	-	-	5,400
	서암문화재단	-	-	-	-	-	-	-	-
합 계		47,971,946	46,856	9,702,427	153,563	52,723,582	247,097	11,790,207	156,843

2원칙: 재료가 나올 기업에 주목하라

주가가 움직이는 원동력은 재료이다. 시장에서 주목을 받아야만 주가는 상승할 수 있다. 아무리 좋은 주식이라도 시장으로부터 주목을 받을 수 없다면 상승하기 어렵다. 시장에서 주목을 받는다는 것은 많은 사람이 그 주식을 매수하기 원한다는 것이고 수요와 공급에 따라 주가는 상승하게 된다. 물론 시장에서 주목을 받지 않더라도 주식은 상승할 수 있다.

그러나 큰 폭의 상승을 지속하기는 어렵다. 주가를 큰 폭으로 상승시키기 위해 필요한 재료들을 숙지하는 것이 필요하다. 또한 주가를 하락시키는 재료의 성향 또한 파악할 필요가 있다. 제대로 알아야만 치명적인 손실을 피할 수 있다. 재료는 정말 중요하다. 강력한 재료만으로도 수백%의 주가 상승을 야기하는 경우도 빈번하게 발생한다. 향후 호재가 나올 기업을 선택해야 한다.

긍정적인 재료

1. 인수·합병 공시

2. 최대주주(주요 주주) 매입

3. 최대실적 달성

4. 턴어라운드 예상

5. 3자 배정 유상증자

6. 신규 사업

7. 산업 호황

8. 무상증자

9. 단일 판매, 공급계약 체결

10. 유형자산 취득 결정

11. 자사주 매입

12. 부채 조기 상환

13. 액면분할

14. 공개 매수

15. 자사주 소각

16. 자회사 상장

17. 특허권 취득

18. 회사분할(인적분할은 두 개의 회사로 상장되어 이익으로 돌아오는 경우가 많다.)

19. 기타

부정적인 재료

1. 실적 감소(영업환경 악화)

2. 적대적인 정부 정책

3. 자본잠식

4. 신주인수권 및 CB 잦은 발행

5. 신주인수권 및 CB 행사

6. 무상감자

7. 자사주 처분

8. 관리 종목 지정

9. 정리 매매

10. 공매도

11. 주주배정 유상증자

12. 공시 위반

13. 대주주 지분 매각

14. 주식담보제공 계약 체결

15. 감사 의견(부적정 의견)

16. 물적분할

17. 기타

2012년 9월 이후 구리 가격이 최고가를 달성하였다. 구리 동합금 소재를 제조하고 판매하는 풍산과 대창의 주가가 구리 가격과 비례하여 꾸준히 상승하였다.

◆ 풍산 주가 및 구리 가격

재료 투자 예시2

2021년 반도체 품귀 현상과 함께 슈퍼 사이클이 도래함으로써 대한민국을 대표하는 삼성전자의 주가가 큰폭으로 상승하였다.

◆ 삼성전자 주가 및 실적 현황

주요재무정보	연간							
	2016/12 (IFRS연결)	2017/12 (IFRS연결)	2018/12 (IFRS연결)	2019/12 (IFRS연결)	2020/12 (IFRS연결)	2021/12(E) (IFRS연결)	2022/12(E) (IFRS연결)	2023/12(E) (IFRS연결)
매출액	2,018,667	2,395,754	2,437,714	2,304,009	2,368,070	2,777,179	2,999,881	3,269,301
영업이익	292,407	536,450	588,867	277,685	359,939	528,128	550,179	663,390
영업이익(발표기준)	292,407	536,450	588,867	277,685	359,939			
세전계속사업이익	307,137	561,960	611,600	304,322	363,451	542,384	570,559	688,592
당기순이익	227,261	421,867	443,449	217,389	264,078	403,035	421,219	510,408

오랜 침체기를 거친 해운 업계가 호황을 맞이하면서 HMM(전 현대상선)
의 주가가 큰 폭으로 상승하였다. 2021년 상하이컨테이너지수가 2020년
대비 3배로 상승하는 등 운임 초강세 국면을 유지하고 있다.

◆ HMM 주가 및 실적 현황

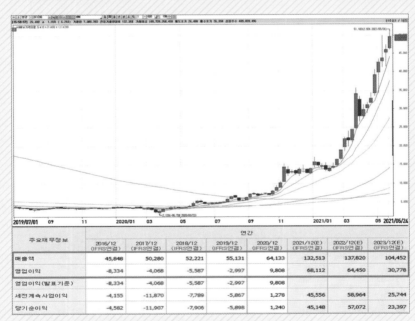

주요재무정보	2016/12 (IFRS연결)	2017/12 (IFRS연결)	2018/12 (IFRS연결)	2019/12 (IFRS연결)	2020/12 (IFRS연결)	2021/12(E) (IFRS연결)	2022/12(E) (IFRS연결)	2023/12(E) (IFRS연결)
매출액	45,848	50,280	52,221	55,131	64,133	132,513	137,820	104,452
영업이익	-8,334	-4,068	-5,587	-2,997	9,808	68,112	64,450	30,778
영업이익(발표기준)	-8,334	-4,068	-5,587	-2,997	9,808			
세전계속사업이익	-4,155	-11,870	-7,789	-5,867	1,278	45,556	58,964	25,744
당기순이익	-4,582	-11,907	-7,906	-5,898	1,240	45,148	57,072	23,397

3원칙: 실적 성장과 재무적 안정성이 보장되는 기업에 투자하라

주가가 큰 폭으로 상승하는 주식의 이면을 살펴보면 대부분 실적 증가가 선행됨을 알 수 있다. 따라서 실적 증가와 함께 부채 비율이 낮으며 재무적으로 안정적인 기업을 선택하는 것이 좋다. 또한 PBR과 같이 자산가치가 높은 기업에 투자해야 한다. 그렇지 않으면 예상하지 못한 외부 변수로 인하여 기업의 경영 상황이 어려워질 때 큰 손실을 볼 수 있다. 시가총액 대비 자산가치가 높은 기업은 시장으로부터 저평가를 받고 있기 때문에 주가가 상승할 수 있는 동력을 가지고 있을뿐더러 최악의 상황에는 청산가치(매각 시 받을 수 있는 가치)를 통하여 투자자산의 대부분을 보전할 수 있다.

37가지 선정 기준

1. 실적 성장 기업

연평균 매출액이 꾸준히 성장하거나 향후 매출이 늘어날 것으로 예상되는 기업

2. 재무적 안정성

부채 비율이 150% 미만

3. 저평가 여부

PBR 1.5 이하(시가총액 대비 높은 자산가치 보유) or PER 10 이하

주식시장에서 성공하기 위한 중요한 요소 중 빠지지 않고 언급되는 것이 있다면 그것은 바로 멘탈이다. 시장은 심리가 지배하는 장소이기에 투자자가 멘탈을 관리할 수 없다면 좋은 성과를 거둘 수 없다. 주가가 심한 등락을 보이는 중에도 흔들리지 않고 주식을 보유하기 위해 투자자 스스로 확신을 하는 기업에만 투자하는 것이 중요하다.

그러기 위해서 먼저 기업 분석을 해야 한다. 스스로 이해할 수 없는 기업이라면 확신할 수 없다. 또한 저평가된 가격에 주식을 매수할 수 없다면 주가가 하락할 때 공포로 인하여 버틸 수 없기 때문에 결국 주식을 매도하게 된다. 투자하기 전에 확실한 이유와 근거를 확보하는 것이 필수다. 그래야만 시장이 주는 두려움과 유혹으로부터 흔들림 없이 안정적으로 멘탈을 유지할 수 있고, 자신이 의도한 방향으로 투자할 수 있다. 개인투자자가 겪는 대부분의 문제 중 하나는 확신의 부재이다.

■ 실패하는 투자자의 특징

① 귀가 얇다(군중심리)

귀가 얇은 사람은 군중심리에 빠질 수밖에 없다. 스스로의 기준으로 주식을 매수하는 것이 아니라 타인의 행동을 기준으로 매매한다. 실패도 성공도 스스로 주장하거나 통제할 수 없게 된다. 이러한 군중심리에서 벗어나기 위해서는 시장 자체에 집중해야 한다. 시장 자체에 집중한다는 것은 수많은 군중의 목소리에 집중하는 것이 아니라 주가의 상승을 결정짓는 실적, 기업가치, 재료 등의 자료에 집중하여 판단하는 것이다. 타인이 주는 정보나 의견은 반드시 사실 여부를 스스로 확인하는 작업이 필요하다.

② 조바심이 많다(조급함)

주식시장은 빨리 돈을 벌려고 노력하면 할수록 오히려 돈을 잃게 되는 곳이다. 많은 돈을 빨리 벌고 싶다고 해도 시장은 내 뜻 데로 움직이지 않는다. 주식시장은 그 무엇에도 영향 받지 않고 자신의 페이스를 유지한다. 투자 수익은 인내의 산물이다. 조급하면 할수록 좋은 투자 기회를 놓치게 된다. 워런 버핏은 주식시장에 대해서 다음과 같이 말했다. "주식시장은 인내심이 없는 사람의 돈을 인내심이 있는 사람에게 이동시키는 도구이다."

③ 도박성이 짙다(탐욕)

투자는 항상 리스크가 존재한다. 같은 기간에 동일한 수익을 얻었다고 해도 평가가 같을 수 없다. 운전을 예로 들어보자. 어떤 사람은 운전할 때 신호도 제대로 지키지 않고, 깜빡이도 켜지 않은 채 차선을 변경하는 등 위험천만하게 운전하면서 집에 도착한다. 또 어떤 사람은 운전 법규를 준수하면서 집에 도착한다. 둘 다 집에 도착했다는 결과는 같다. 하지만 시간이 지날수록 첫 번째 운전자의 사고 확률은 높아질 것이다. 큰 사고를 낼 가능성이 높다. 주식투자는 꾸준히 수익을 내야 하는 곳이다. 계속해서 안정적으로 수익을 낼 수 있는 방법을 찾아야 한다. 운에 기대는 투자는 결국에 큰 실패를 겪게 된다. 특히 한 번에 대박을 내고자 투자하는 것은 높은 리스크로 인하여 실패할 확률이 높다.

■ 확신은 어디서 오는가

확신은 누가 대신 줄 수 없다. 스스로 조사하고 공부해야 얻을 수 있다. 모르는 부분을 확실하게 알 수 있을 때까지 해답을 찾아야 한다. 작은 성공 경험(투자 사례)을 통하여 확신을 쌓아갈 수 있다. 수많은 종목의 과거를 복기하면서 주식시장과 개별종목들이 어떻게 움직이는지 파악할 수 있다면 확신을 얻을 수 있다.

5원칙: 차트를 통해 매수·매도 타이밍을 파악하라

차트를 통하여 대중의 심리를 읽을 수 있다. 우리가 보는 일반적인 차트는 가격의 변동을 캔들로 연결한 것이다. 차트 안에는 주식을 사려는 사람과 팔려는 사람들의 심리가 담겨 있다. 차트가 횡보하고 있다는 것은 사려는 사람과 팔려는 사람이 백중세를 이루고 있다는 것을 의미한다. 어느 한쪽이 더 강하면 그쪽으로 기울어지고 이에 따라 기존의 포지션을 유지하고 있는 사람들의 생각도 바뀌게 된다. 군중심리는 전염성이 있으므로 사람들의 행동과 생각을 바뀌게 만들 수 있다. 주가가 하락하면 많은 사람은 주식을 두려워하고 매수하지 않는다.

하지만 대게 주식을 매수할 최고의 기회는 바로 이 시점이다. 반대로 주가가 다시 상승하기 시작하면 단 시간 내에 사람들의 생각이 변하게 되고 주가가 상승할만한 이유를 계속 찾는다. 이때 비로소 주가는 안정적으로 상승곡선을 그리게 된다. 차트를 통해 사람들의 심리를 읽어내는 것이 중요하다.

차트의 핵심요소 3가지

- 캔들
- 이동평균선
- 거래량

보조지표를 활용하라

- 이격도
- 스토캐스틱^{Stochastic slow}
- 심리도

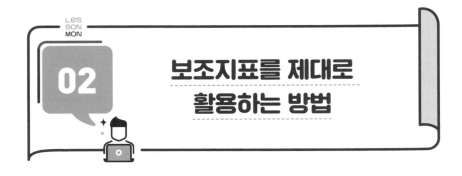

보조지표를 제대로 활용하는 방법

1) 이격도란

이격도는 주가와 이동평균선이 어느 정도 떨어져 있는지 분석하는 것으로 주가와 이동평균선의 벌어진 정도를 말한다. 이격도를 계산하는 방법은 다음과 같다.

$$이격도 = \frac{주가}{이동평균} \times 100$$

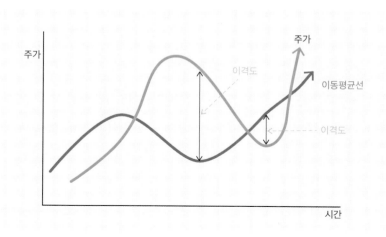

① 이격도의 원리를 알아보자

이격도를 사용하여 주식 매매 시점을 결정한다는 것은 주가가 이동평균선에서 멀리 떨어져 있으면 이동평균선으로 주가가 되돌아올 가능성이 높다는 데 있다. 실제로 이격률이 과도하게 높아지면(주가가 이동평균선보다 매우 위에 있으면) 주가가 내려가는 것이 일반적이다. 반대로 이격률이 과도하게 낮아지면(주가가 이동평균선보다 매우 아래에 있으면) 주가가 상승하는 것이 일반적이다. 이와 같은 현상을 보이는 이유는 다음과 같다.

이격도가 높아진다는 것은 일정 기간 매수한 주식의 평균 가격보다 주가가 상승하여 수익권을 유지하는 사람들이 많다는 것을 의미한다. 이격도의 크기가 상승할수록 매수자의 수익률이 높아지면서 수익을 실현하고자 하는 욕구가 강해진다. 또한 주가가 오르면 오를수록 하락에 대한 두려움도 함께 높아지는 경향을 보인다.

따라서 주가가 단기간에 급등하면 투자자들은 수익을 실현하기 위해 매도한다. 최적의 매도 타이밍을 잡기 위하여 주가 등락에 온 신경을 집중한다. 이때 주가가 하락하면 하락에 대한 공포로 인하여 매도 물량이 시장에 쏟아진다. 주가는 자연스럽게 급락하며 이동평균선 근처에 도달하는 것이다. 이동평균선 근처로 회귀한다는 것은 수익률이 0%인 시점을 말한다.

이격도가 낮아진다는 것은 일정 기간 매수한 주식의 평균 가격보다 주가가 하락하여 손실권을 유지하고 있는 사람들이 많다는 것을 의미한다. 이격률의 크기가 가파르게 하락할수록 매수자의 손실률이 상승한다. 투자자는 단기간에 주가가 과도하게 하락했다고 판단하면 매수에 가담하게 된다. 또한 일정 기간 매수해온 주식의 평균단가보다 주가가 하락하는 경우 싸다고 판단되어 저가 매수세가 유입하게 된다. 이러한 과정을 통하여 주가가 이동평균선 근처에 도달한다. 이동평균선 근처로 회귀한다는 것도 수익률이 0%가 될 때를 말한다.

② 활용 방법을 제대로 파악하자

이격도는 20일 이동평균선 기준으로 설정한다. 기준선 95 이하로 이격도가 하락한 후 95 이상 상향 돌파 시 매수한다. 기준선이 105 이상으로 상승한 후 105 이하로 하향 돌파 시 매도한다.

- 기준선 95 이하에서 매수 혹은 매수 검토
  기준선 95 이하에서 상향 돌파 시 적극 매수

- 기준선 105 이상에서 매도 혹은 매도 검토
  기준선 105 이상에서 하향 돌파 시 적극 매도

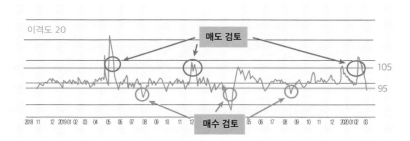

③ 유의해야 할 것

이격도만으로도 매수 타이밍을 잡을 수 있다. 하지만 기업에 대한 기본적 분석이나 재료 분석을 하지 않으면 성공 확률이 떨어진다. 기술적 분석은 심리와 함께 기업의 펀더멘털과 업황 등을 고려하여 투자할 때 성공 확률을 높일 수 있다.

2) 스토캐스틱^{Stochastic}

주가나 환율의 마감 가격이 일정 기간 어느 곳에 있었는지 알기 위해 백분율로 나타낸 단기 기술적 지표를 스토캐스틱이라고 한다. 스토캐스틱은 크게 스토캐스틱 슬로$^{Stochastic\ slow}$과 스토캐스틱 패스트$^{Stochastic\ fast}$로 나뉜다. 스토캐스틱 패스트는 주가나 환율의 변동이 자주 발생해서 단기매매, 빠른 매매에 유리한 지표다. 스토캐스틱 패스트의 잦은 변동으로 인하여 투자 판단에 어려움이 발생하기 때문에 느리게 만든 것이 스토캐스틱 슬로이다.

스토캐스틱 패스트 공식

$$Fast\ \%K = \frac{(\text{현재가} - N\ \text{기간 중 최저가})}{N\ \text{기간 중 최고가} - N\ \text{기간 중 최저가}} \times 100$$

- Fast %D = Fast %K를 M일 이동평균한 것

스토캐스틱 슬로 공식

- Slow %K = Fast %D를 M기간으로 이동평균한 것
- Slow %D = Slow %K를 L기간으로 이동평균한 것

① 스토캐스틱의 원리를 알아보자

주가는 많이 올랐다 싶으면 다시 하락하고 많이 내렸다 싶으면 다시 오르는 파동적인 성질을 지니고 있다. 주가가 빠르게 상승하여 과열 구간에 들어서면 조만간 하락을 예상할 수 있는데, 바로 이러한 속성을 이용하는 것이다. 스토캐스틱의 기본 이론은 %K가 100에 근접하면 하락하게 되고 0에 근접하면 상승한다고 가정한다.

② 스토캐스틱의 활용 방법

슬로스토캐스틱 %K 값이 80 이하로 상향 돌파할 때 매도 관점으로 기다리고 %K 값이 80 이하로 하향 돌파할 때 매도한다. %K 값이 20 이하로 하향 돌파할 때는 매수 관점으로 기다리고, %K 값이 상향 돌파할 때 매수한다.

스토캐스틱 슬로 매수 매도 시점
- -

- 기준선 20% 이하에서 매수 혹은 매수 검토
  기준선 20% 이하에서 상향 돌파 시 적극매수

- 기준선 80% 이상에서 매도 혹은 매도 검토
  기준선 80% 이상에서 하향 돌파 시 적극매도

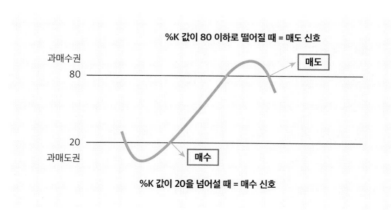

③ 유의해야 할 것

스토캐스틱의 성공 확률은 추세에 따라 달라진다. 상승추세 혹은 하락

추세가 명확할 때 성공 확률이 상대적으로 줄어든다. 추세가 없는 상황, 즉 박스권을 형성하여 비추세를 형성할 때 스토캐스틱을 활용한 매매법의 성공 확률이 높다.

3) 심리도

투자 심리의 변화를 보여주는 지표로 시장 상황이 과열되어 있는지 침체 상태인지 판단하는 지표로 활용한다.

심리도 공식

$$투자\ 심리도 = \frac{최근\ 10일\ 중\ 주가\ 상승일\ 수}{10일} \times 100$$

① 심리도의 원리

투자 심리도를 통하여 시장의 분위기를 파악할 수 있다. 최근 10일간 주가 상승일 수를 백분율로 나타난 것이 심리도이다. 10일 동안 주가가 10번 연속으로 올랐다면 투자 심리는 100%이다. 10일 동안 주가가 10번 연속으로 하락했다면 투자심리는 0%가 된다. 보통 75% 이상이면 과열 상태로 판단하고 25% 이하면 침체 상태로 파악한다.

② 심리도의 활용

투자 심리도는 10일을 기준으로 설정한다. 기준선이 25선 이하가 될 경우 단기간에 매도 물량이 지나치게 많다고 판단하여 매수 기회로 판단하고 25선 이상 돌파할 때 매수한다. 기준선이 75선 이상 될 때 단기간에 매수 세력이 지나치게 많은 물량을 매수했다고 판단하여 매도 기회로 삼는다. 75선 하향 이탈 시 매도한다.

심리도를 통한 매수 매도 시점

- 기준선 25 이하에서 매수 혹은 매수 검토
  기준선 25 이하에서 상향 돌파 시 적극 매수

- 기준선 75 이상에서 매도 혹은 매도 검토
  기준선 75 이상에서 하향 돌파 시 적극 매도

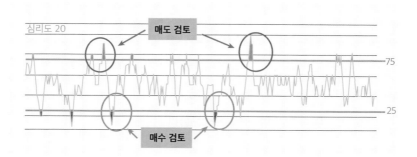

③ 유의해야 할 것

다른 보조지표처럼 주가가 박스권을 유지할 때 적중률이 높다.

LES SON MON

03 3가지 보조지표를 통하여 매수·매도 타이밍을 잡을 수 있다

잊지 말아야 할 혼합지표 37지

3가지의 보조지표를 동시에 활용하여 매수·매도 타이밍을 잡는다면 적중률을 더 극대화할 수 있다. 3가지 지표 모두 혹은 2가지 이상의 지표에서 매수 신호를 보일 때 매수하는 것을 추천한다. 반대로 3가지 지표 모두 혹은 2가지 지표에서 매도 신호가 나올 때 매도하는 것을 추천한다. 이와 더불어 기업분석, 재료분석, 차트분석 등을 함께 한다면 실패할 확률은 현저히 줄어든다. 필자는 장기적으로 상승이 예상되는 종목 중에서 수익률을 극대화하기 위해 다음의 방법을 사용한다.

매도 시점

- 이격도 　　　　　　: 105 이상 상승 돌파 후 105 이하로 하락 돌파 시
- 스토캐스틱 슬로 : 80 이상 상승 돌파 후 80 이하로 하락 돌파 시
- 심리도 　　　　　　: 75 이상 상승 돌파 후 75 이하로 하락 돌파 시

매수 시점

- 이격도 　　　　　　: 95 이하 하락 돌파 후 95 이상 상승 돌파 시
- 스토캐스틱 슬로 : 20 이하 하락 돌파 후 20 이상 상승 돌파 시
- 심리도 　　　　　　: 25 이하 하락 돌파 후 25 이상 상승 돌파 시

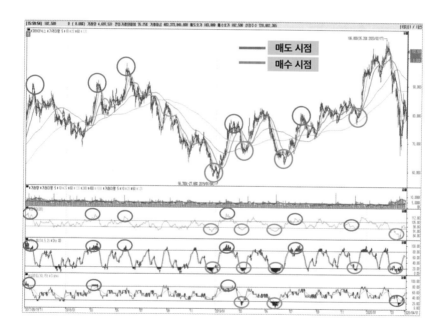

Q 매수 혹은 매도를 잘할 수 있는 방법을 알려주세요.

A **첫 번째는 분할매수 혹은 분할매도를 해야 합니다.** 주식은 상승하는 기간보다 하락하거나 횡보하는 기간이 훨씬 깁니다. 그래서 보통 한 번에 전액 매수하면 손해를 보면서 시작하는 경우가 많습니다. 어떤 사람들은 매수한 후 주가가 빠르게 상승하게 될 때 오히려 분할매수를 하면 손해가 아니냐고 묻습니다. 맞습니다. 주가가 바로 오를 때 분할매수하면 손해입니다.

하지만 주가는 일반적으로 상승보다는 하락하거나 횡보하는 경우가 많으며 바로 상승하는 경우는 그렇게 많지 않습니다. 또한 주가는 위아래로 등락을 반복하면서 움직입니다. 투자자는 시시각각 변하는 주가로 인하여 더 저렴한 가격에 살 수 있는 기회를 지속적으로 발견할 수 있습니다. 한 번에 주식을 전액 매수하면 더 저렴하게 많은 물량을 살 수 있는 기회를 온전히 놓치게 되는 것입니다. 주식이 상승할 때 분할매수를 하면서 원하는 금액만큼 주식을 매수하지 못했다고 하더라도 손해 보는 것이 아닙니다. 분할해서 매수한 금액만큼은 수익을 거두고 있기 때문입니다. 분할매수를 하려면 적은 금액의 수익이라도 소중히 여기는 마음이 중요합니다. 분할매수를 통하여 손실의 가능성을 최대한 낮추면서 수익을 창출할 수 있습니다.

분할매도도 마찬가지입니다. 주가가 일정 부분 상승하면 한 번에 매도

하지 말고 분할로 매도해야 합니다. 최고점에서 팔기 위해 주식을 계속 보유하는 투자자가 많은데 결과적으로 제때 매도하지 못하여 낮은 수익을 거두는 경우가 많습니다. 사람들은 수익을 극대화하기 위해 최고점에 물량을 전부 팔기 위해 노력합니다. 그러나 도리어 가장 낮은 수익 구간에서 매도하는 일이 생길 수 있습니다. 수익권에 진입하여 더 높은 상승을 기대하다가 급락으로 인하여 적정 매도 타이밍을 놓치기 때문입니다. 일정 수익이 발생할 때부터 점진적으로 매도하는 경우 장기적으로 안정적인 수익을 얻을 수 있습니다.

두 번째는 과도한 욕심을 버려야 합니다. 차트 분석을 통한 매수 혹은 매도 방법을 공부하는 것도 중요합니다. 하지만 대부분 방법론을 알아도 제대로 실천하지 못하는 경우가 많습니다. 바로 욕심 때문입니다. 욕심이 과하면 원칙도 무시하게 되고 그때그때 마음이 가는 대로 행동하게 됩니다. 거대한 이익을 얻을 수 있는 기회가 보일 때, 전 재산을 투자하거나 또는 대출을 포함하여 무리한 투자를 하게 될 가능성이 높습니다. 물론 확실한 기회가 온다면 단호하게 투자하는 것도 필요합니다. 그러나 욕심에 눈이 멀면 확실한 기회인지 아닌지를 객관적으로 판단할 수 없기 때문에 그릇된 투자를 하게 될 가능성이 높습니다. 큰 수익을 거두었음에도 불구하고 자산을 전부 탕진하는 사람들을 보면 단순히 투자 지식이나 스킬의 부족함보다 욕심이나 조급함과 같은 심리적인 부분을 통제하지 못하기 때문입니다.

Q 기술적 분석과 기본적 분석을 꼭 함께할 필요가 있나 요? 하나만 해도 되지 않을까요?

A **주식의 주가는 기본적 분석(기업가치)에 의해서만 결정되는 것이 아닙니다.** 기술적 분석(차트, 심리)만으로도 결정되지 않습니다. 시장에는 여러 분야의 투자자가 존재합니다. 각기 자신의 관점으로 주식을 매매합니다. 차트분석과 기업가치 분석은 서로 상호 보완의 역할을 할 수 있습니다. 차트를 보고 주가의 방향성을 예상할 수 있고 기업의 가치를 분석하여 주가의 방향성을 예측할 수도 있습니다. **차트를 파악하여 기업가치의 변화를 예상할 수 있으며, 기업가치를 파악하여 차트의 방향성을 예측할 수 있습니다.**

기업가치와 차트에 대한 상호관계를 한번 살펴봅시다. 기업가치를 평가하면 향후 차트를 예상할 수 있습니다. 반대로 차트를 보고 기업가치를 역으로 추정할 수 있습니다. 차트의 변화를 통하여 기업가치의 변화를 판단할 수 있으며, 차트가 계속 우상향한다는 것은 기업가치가 향상되고 있다고 볼 수 있습니다. 기업가치가 증가할수록 일반적으로 차트는 상승 추세를 그립니다.

제품을 시장에 출시한다고 가정해봅시다. 제품이 시장에 출시되기 전에 미리 시장가격을 예측하는 것이 기업가치 분석이라고 한다면, 제품이 시장에 출시된 후 매겨지는 시장가격의 변화를 통하여 가치 및 향후 시장가격의 방향성을 추정하는 것은 차트분석에 해당합니다.

우리가 시장에 제품을 내놓으면서 품질(기업가치)을 평가한 후 미리 가격(차트)을 설정하여 출시합니다. 그 후 고객들의 반응을 통하여 가격은 자연스럽게 조정이 됩니다. 회사들은 수많은 출시 경험을 바탕으로 출시 이전 상품의 시장가격을 설정하는 데 정확도를 높이게 됩니다. 이는 기업가치를 기반으로 향후 주가의 방향성을 추정하는 방법과 유사합니다.

우리는 제품을 출시할 때 미리 가격을 정하지 않고 출시 후에 품질(기업가치)에 대한 고객의 반응을 반영하여 가격(차트)을 설정할 수도 있습니다. 고객이 매기는 가격을 기준으로 품질을 평가할 수 있습니다. 사람들이 과거와 다르게 그 물건을 대량으로 구매하는 모습을 보면서 무언가 품질의 변화를 예상할 수 있습니다. 시장가격의 변화를 보면서 품질이 변화하고 있음을 미리 알 수 있습니다. 이는 차트(시장가격)를 기반으로 향후 주가의 방향성을 추정하는 방법과 유사합니다. 기본석 분석과 기술적 분석은 상호보완 관계로 한 가지만 사용하는 것보다 두 가지를 모두 참고하는 것이 투자 성공 확률을 높이는 데 유리합니다.

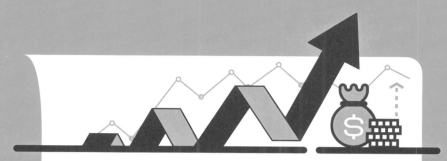

6^장

슈퍼개미
배진한의
주식투자 전략

PART2

Les SON
MON

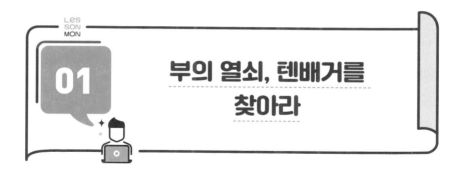

① 꿈의 수익률을 달성할 수 있다

텐배거$^{\text{ten bagger}}$란 주식투자로 10배의 수익을 달성한 종목을 말한다. 텐배거는 13년 동안 마젤란펀드를 운용하면서 총 2,703%의 수익률을 기록한 미국의 전설적인 투자자 피터 린치$^{\text{Peter Lynch}}$가 처음 사용한 단어다. 텐배거는 투자자에게 기적과 같은 수익률로 여겨지기에 누구나 달성하고 싶은 목표이기도 하다.

"10배 수익이 현실적으로 가능할까?"라고 생각하는 투자자들이 많다. 필자는 강력한 확신을 두고 말할 수 있다. 가능하다. 필자는 다수의 10루타 종목을 발굴한 이력을 가지고 있기 때문이다. 오랜 인내심을 바탕으로 투자에 임한다면 누구나 10배의 수익을 낼 수 있다.

② 어떤 종목이 10배의 수익을 낼 수 있을까

실제로 국내에 텐배거에 달하는 주식이 얼마나 있는지 궁금할 것이다.

국내 주식 가운데 1,000%의 수익을 낸 주식이 있는지 찾아보았다. 2001년 4월 30일부터 2011년 4월 30일(10년) 종가기준 텐배거 종목은 72개다. 2011년 4월 30일부터 2021년 4월 30일(10년) 종가기준 10루타 종목은 34개다. 20년간(10년 단위 평가) 약 100개가량의 텐배거 종목이 탄생하였다. 텐배거를 달성하고 하락한 종목까지 고려한다면 더 늘어난다. 텐배거는 아니지만 근접한 수익률(800% 이상)을 달성한 종목까지 합하면 그 숫자는 훨씬 많아진다. 누구나 텐배거 종목을 발견할 수 있다.

◆ 2011.04.30~2021.04.30 주가 상승률 상위

순위	종목명	주가(원)		
		2011.04.30	2021.04.30	상승율
1	국일제지	123	6,310	5030%
2	신풍제약우	2,459	72,900	2865%
3	에이치엘비	1,132	33,100	2824%
4	덕성우	1,735	50,700	2822%
5	우리기술투자	344	9,980	2801%
6	삼천당제약	2,025	51,800	2458%
7	케이엠더블유	2,508	57,400	2189%
8	F&F홀딩스	4,205	90,000	2040%
9	네이처셀	467	9,750	1988%
10	신풍제약	3,573	69,800	1854%
11	휴온스글로벌	3,950	74,100	1776%
12	에이텍	1,958	35,850	1731%
13	아난티	441	7,970	1707%
14	NHN한국사이버결제	1,972	34,724	1661%
15	제넥신	5,950	102,000	1614%
16	태영건설우	928	15,150	1533%
17	컴투스	9,250	147,500	1495%
18	엠투엔	1,347	21,347	1485%
19	토탈소프트	1,290	19,950	1447%
20	지어소프트	1,460	22,400	1434%
21	오스코텍	2,504	36,850	1372%
22	리노공업	11,086	163,000	1370%
23	한미사이언스	4,796	69,200	1343%
24	아프리카TV	6,250	89,300	1329%
25	대한약품	2,970	41,200	1287%
26	미원상사	15,730	216,500	1276%
27	동화기업	5,462	72,300	1224%
28	삼성출판사	3,275	43,050	1215%
29	파세코	1,933	23,750	1129%
30	한솔케미칼	20,200	247,500	1125%
31	유유제약1우	1,410	16,000	1035%
32	노루페인트우	3,000	33,800	1027%
33	진매트릭스	1,685	18,800	1016%
34	대웅	3,259	36,300	1014%

출처: 노블리제인베스트먼트

◆ 2001.04.30~2011.04.29(30) 주가 상승률 최상위

번호	종목명	주가(원)		
		2001.04.30	2011.04.30	상승률
1	금호석유	2,225	203,500	9046%
2	OCI	7,265	640,000	8709%
3	삼성엔지니어링	1,895	148,052	7713%
4	동원산업	4,313	202,500	4595%
5	롯데케미칼	8,200	378,000	4510%
6	넥센타이어	392	17,800	4441%
7	현대해상	742	28,150	3694%
8	현대모비스	10,100	359,000	3454%
9	현대미포조선	3,093	95,253	2980%
10	STX	76,539	2,329,459	2943%
11	현대제철	4,500	136,000	2922%
12	SK머티리얼즈	4,460	133,200	2887%
13	LG화학	18,204	530,000	2811%
14	메리츠화재	423	12,300	2808%
15	디와이	566	15,623	2660%
16	금호석유우	1,760	47,400	2593%
17	포스코인터내셔널	1,572	41,600	2546%
18	LG화학우	7,348	184,000	2404%
19	오리온홀딩스	820	20,411	2389%
20	동국제강	1,563	38,479	2362%
21	LG생활건강	18,000	431,000	2294%
22	DB손해보험	2,150	51,000	2272%
23	고려아연	17,850	422,000	2264%
24	하나투어	1,839	43,100	2244%
25	에스엘	1,003	22,438	2137%
26	미원상사	707	15,730	2125%
27	파미셀	365	7,963	2082%
28	한국조선해양	22,892	486,002	2023%
29	세방전지	2,195	45,550	1975%
30	현대그린푸드	618	12,600	1939%
31	사조산업	3,130	62,000	1881%
32	SGC에너지	3,630	71,500	1870%
33	유니온	733	13,903	1797%
34	GS건설	6,334	119,287	1783%
35	LG상사	2,274	42,400	1765%

출처: 노블리제인베스트먼트

③ 텐배거 종목 한 가지만 알면 된다!

바둑 프로선수들은 대국을 마친 이후에 항상 경기를 복기하면서 부족한 점을 보완해 나간다고 한다. 투자도 동일하다. 과거 텐배거를 달성했던 최고의 종목들을 복기하는 것이 텐배거를 발굴하기 위한 가장 쉽고 빠른 방법이다.

미국의 전설적인 투자자 윌리엄 오닐은 이와 같은 방식으로 최고의 종목들이 가지고 있는 특징을 파악하고 그러한 종목들을 찾아낼 수 있었다. 100개가량의 종목을 계속 공부하고 연구하다 보면 텐배거 종목의 특징을 발견하게 되고 관련 종목들을 고를 수 있게 된다.

처음에는 아주 작은 특징마저도 찾아내기 힘들다. 꾸준한 노력이 필요하다. 과거의 상황을 제대로 파악해야만 정확한 이유를 찾아낼 수 있는데 이러한 작업이 쉬운 것은 아니다. 하지만 포기하지 않고 공부하다 보면 텐배거 종목의 특징들을 찾을 수 있게 된다. 이러한 과정을 반복하다 보면 텐배거를 다수 발굴할 수 있는 역량을 지닌 투자자로 성장할 것이다.

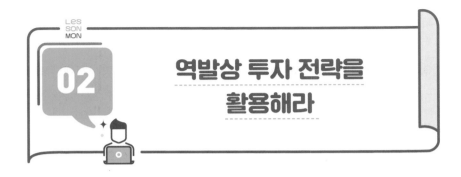

역발상 투자 전략을 활용해라

① 역발상 투자는 왜 어려울까

과거 사례를 돌아보면 최고의 수익은 항상 역발상 투자 전략에서 나왔다. 역발상 투자 전략은 말 그대로 남들과 다르게 생각하고 행동하는 것이다. 이 간단한 진리 안에 모든 투자의 정수가 담겨져 있다고 해도 과언이 아니다. 역발상 투자의 성과는 탁월하며 오랜 세월 입증되어온 확실한 투자 방법이다. 우리가 익히 아는 투자의 대가들은 모두 역발상 투자자로 볼 수 있다. 투자 대가들은 하나같이 역발상 투자의 중요성을 강조하고 또 강조한다. 하지만 이를 실천에 옮길 수 있는 사람은 그리 많지 않다. 그 이유는 무엇일까?

역발상 투자에 대해 많은 사람이 오해하는 부분이 있다. 역발상 투자라고 하면 대부분의 사람은 남들과 다르게 생각하고 행동해야 한다는 그 사실에만 집중한다. 군중들과 다르게 행동해야만 큰 성공을 거둘 수 있다는 것이다. 하지만 역발상의 본질은 다르게 생각하고 행동하는 것이 아니다.

주식시장에서 의미하는 역발상의 본질은 먼저 주식투자에 대해 제대로 아는 것이다.

주식시장의 원리를 분명하게 알 수 있다면 대중과는 다른 행동을 선택할 수 있다. 주식시장은 본래 인간의 본성과 반하는 방향으로 움직인다. 주식시장은 공포와 탐욕을 무기로 사람들의 마음을 뒤흔드는데, 이에 대한 대비책은 존재하지 않는다. 공포가 오면 누구나 두려워하여 투매를 하고 탐욕이 오면 누구나 군침을 흘리며 매수한다. 하지만 주식시장은 아이러니하게도 탐욕이 가득하면 거꾸로 주가가 하락하고, 공포가 가득하면 반대로 상승한다. 이와 같은 주식시장의 원리를 제대로 파악하지 못한다면 누구나 대중과 동일한 행동을 취할 수밖에 없게 된다. 공포를 두려워하고 탐욕에 용기를 내는 것은 당연하다. 주식투자에서 큰 수익을 거두지 못하는 것이 일반적이다.

② 역발상 투자자가 되는 방법은 의외로 쉽다

역발상 투자자가 되는 방법은 아주 간단하다. 핵심 비결은 자신의 생각을 버리고 시장에 맞추는 것이다. 많은 사람이 처음 주식시장에 진입할 때 타인의 경험이나 지식을 통해 주식시장의 원리를 배우고 적용한다. 그러한 배움을 바탕으로 주식시장에서 거래하며 경험을 쌓아가기 시작한다. 이러한 과정에서 두 가지의 부류가 나타난다. 먼저 타인의 가르침을 기본 지식으로 삼아 주식시장을 있는 그대로 바라보는 부류, 다음으로 타인을 통해서 배운 지식을 겹겹이 쌓아가면서 그 지식을 틀에 맞추어 시장을 바라보는 부류가 존재한다.

투자한 지 오래됐어도 수익을 거의 얻지 못한 사람들을 자주 볼 수 있다. 그들과 이야기해보면 시장에 대한 해박한 지식이 있지만 수익을 내기 어렵다고 생각한다. 그들이 알고 있고 말하고 있는 시장은 그들이 직접 느끼고 경험한 것이 아니라 타인을 통해서 배우거나, 스스로 정립한 이론으로 무장되어 있는 경우가 많이 있다.

영업을 예로 들어보자. A, B, C라는 3가지 상품이 있다. 출시하기 전부터 치밀한 조사를 진행하였고, 그 결과 A라는 상품이 가장 매력적이라고 평가되었다고 가정하자. 하지만 출시하고 나서 A 상품이 사전 조사 결과와 다르게 거의 팔리지 않았다. 오히려 C라는 상품이 불티나게 팔렸다. 일정한 기간이 지난 뒤부터 B라는 상품이 C 상품보다 인기가 높아졌고, 오랫동안 베스트 상품으로 자리 잡았다. 이 내용에서 어떠한 교훈을 얻을 수 있을까?

여기서 우리가 주목해야 할 것은 고객의 마음을 사로잡은 B라는 제품이다. 사전 조사 결과 A가 고객이 느끼기에 가장 매력적인 제품으로 판매량이 많을 것으로 판단했다. 그러나 결과는 전혀 달랐다. B라는 제품이 최고의 제품이라고 시장은 말하고 있었다. 꾸준히 시장이 원하는 제품을 발굴하기 위해서는 A가 가장 좋은 상품이라고 생각했던 지식과 가치관을 내려놓는 것이 필요하다. 해답은 바로 고객에게 있기 때문이다. 투자자에게 고객은 주식시장이다. 만약 사전 조사 결과와 동일하게 시장에서 반응한다면 우리가 가장 주목해야 하는 것은 A라는 물건이다. 동시에 그 A를 가장 많이 사게 된 고객(주식시장)에 집중해야 한다. 왜 그 물건을 구매했는지를 집요하게 파악해야 한다.

이러한 내용을 계속해서 말하는 이유는 주식시장에서 수익을 내려면 반드시 집고 넘어가야 할 부분이기 때문이다. 시장에서 통하는 진정 살아있는 지식만이 우리에게 수익을 안겨줄 수 있다. 아무리 오래된 대가의 가르침이더라도 현재 시장과 일치하지 않는다면 과감히 버려야 한다. 이것은 흔히 말하는 가치투자, 성장주투자, 모멘텀투자, 차트투자 중에 무엇이 더 옳다고 말하는 것이 아니다.

역발상 투자자가 되고 싶다면 시장에서 몸소 겪은 실제 살아있는 지식과 경험을 통해 스스로의 판단에 강한 확신이 서야 한다. 게다가 다른 투자자의 선택과 다르다고 할지라도 흔들리지 않는 뚝심이 있어야 한다. 시장에서 말하는 것과 다른 지식이나 정보를 제대로 분별할 수 있어야 한다. 때로는 시장과 일치하지 않은 지식을 오랫동안 쌓으면서 강한 확신을 갖게 되는 경우가 있는데 큰 손실을 얻게 될 가능성이 높다.

앞에서도 말했듯이 시장의 원리를 터득하는 효과적인 방법으로 매매일지를 쓰는 것을 추천한다. 매매일지에 주식을 매수하거나 매도한 이유, 현재의 상황 등을 꼼꼼히 적는다. 시간이 지나면서 시장이 움직이는 원리와 자신이 적은 내용이 일치하는지 복기한다. 시장이 말하고 있는 원리와 자신이 알고 있는 것이 다르다면 수정하고 개선해야 한다. 물론 시장은 오늘 내일 각각 다른 반응을 보일 수 있지만 장기적으로는 일정한 패턴의 모습을 보인다. 시장과 친밀해질수록 투자의 승률은 높아진다.

주식시장은 평생 공부하고 배운다고 해도 전부 알기 어렵다. 하지만 완벽하게 다 알지 못해도 수익을 창출할 수 있다. 운동선수와 같은 마음으로 날마다 자신의 실력을 개선해가면서 쌓아가야 한다. 취미로 하는 운동이라고 해도 잘하고 싶다면 자신의 단점을 개선해야 하고 잘하는 부분은 더 잘하기 위해서 노력해야 한다. 경제적 자유를 얻기 위해 돈을 버는 일이다. 이 정도의 노력은 충분히 할 수 있다고 본다.

③ 위기에 더욱 빛을 발한다

역발상 투자 전략은 모든 곳에 적용할 수 있다. 흔히 말하는 가치투자, 성장주투자, 차트투자에도 동일하게 사용할 수 있다. 그러나 역발상 투자 전략은 대위기가 도래하여 주가가 폭락할 때 빛을 발한다. 우리가 익히 알고 있는 투자 명인 워런 버핏, 존 템플턴, 피터 린치 등 대가들이 공통적으로 강조하는 한 가지가 바로 '공포에 사라'는 것이다. 존 템플턴은 "최고로 비관적일 때가 가장 좋은 매수 시점이고, 최고로 낙관적일 때 가장 좋은 매도 시점이다."라는 말을 남겼다. 워런 버핏은 "회사가 가장 어려운 시기에 있을 때가 그 회사를 사야 하는 가장 좋은 때다."라고 했다. 피터 린치는 "대부분의 투자자가 주식을 거들떠보지 않을 때 비로소 주식을 사야 할 때고, 반대로 사람들이 주식을 최고의 화제로 올리는 순간이 주식을 팔아야 할 때다. 다시 말해 다수의 사람이 움직이는 방향으로 가서는 성공할 수 없다는 것이다."라고 언급했다.

그렇다면 왜 시장이 가장 비관적일 때 절호의 기회라고 하는 것일까?

첫째, 공포는 가치와 상관없는 투매를 만들기 때문이다. 온통 비관적인 뉴스가 언론을 도배하고 매일같이 가격이 폭락하는 상황에서 대부분의 사람은 이성적으로 판단하기 어렵다. 금융위기 때처럼 주식 가격이 폭락하여 매일 수백, 수천만 원의 손실을 보고 느끼면서 평정심을 유지하는 사람은 그리 많지 않을 것이다. 폭락은 또 다른 폭락을 야기하고 손실에 대한 두려움으로 인하여 현재 보유한 자산의 적정 가치를 제대로 생각하지 못한다. 사람들은 떨어지는 폭우를 만나면 지붕 밑으로 몸을 숨기듯 주가가 폭락하기 시작하면 본능적으로 주식을 팔아버린다. 이러한 이유로 주식 가격은 해당 자산의 가치 대비 매우 낮은 수준으로 거래된다. 바로 이 시점이 주식을 가장 싸게 매입할 수 있는 기회다.

둘째, 이미 모든 악재가 반영되어 추가 하락할 가능성이 줄어들기 때문이다. 흔히 주식은 바닥이 있고 그 밑에 지하실이 있다고도 한다. 맞는 말이다. 1만 원짜리 주식이 5,000원으로 하락하여 매수했지만 1,000원으로 내려가는 일도 종종 발생한다. 그러나 최악의 상황을 맞이하여 모든 악재가 반영된 그 주식의 가격은 최저가로 형성되어 있는 경우가 대부분이다. 더는 주식 가격이 하락할 가능성이 적고 올라갈 확률이 큰 상황으로, 바로 이때가 매수할 절호의 기회다.

셋째, 최악의 상황에서는 이를 극복하기 위한 개선의 움직임이 발생한다. IMF 나 세계적 금융위기처럼 큰 위기에 닥치면 주식 가격은 폭락한다. 이 시점에서 정부는 재정정책을 비롯하여 국가 위기를 극복하기 위한 모든 수단을 동원하여 대책을 마련한다. 부동산 가격이 천정부지로 치솟고 있는 현 시점에서 이에 대한 강력한 대책이 나오는 것처럼 극단적인 상황에서 이를 타개할 방법들을 시행하게 된다. 이에 따라 반등의 기회를 얻을 수 있다. 기업도 마찬가지다. 최악의 상황을 맞이한 기업은 특단의 대책을 시행할 수밖에 없다. 어려움에 처한 자회사를 매각하거나 적자가 발생한 사업부를 매각하고 새로운 신사업을 시행한다. 이를 통해 기업이 새롭게 탈바꿈하게 되는 경우가 발생하며 주가가 폭등하는 상황이 연출된다. 역사가 반복되는 것처럼 어려움을 극복하기 위하여 새로운 대책이 나온다는 사실을 기억하자. 최악의 상황에서 용기를 갖고 투자하는 것이 필요하다.

④ 현실적인 역발상 투자 방법

공포에 투자해야 한다는 것은 대부분의 투자자라면 알고 있다. 투자자라면 귀에 못이 박이도록 듣는 이야기이기도 하다. 하지만 막상 공포에 닥치면 과거와 똑같은 행동을 반복한다. IMF, 2008년 금융위기, 코로나19 팬데믹처럼 큰 위기에 부닥쳤을 때 공포에 의한 투매가 반복되는 것을 볼 수 있다. 두려움이 오면 그곳을 벗어나기 위해 본능적으로 반응하는 것처럼 이러한 현상은 아주 자연스러운 것이다. 이런 상황에서 수익을 거둘 수 있는 확실한 방법이 있다면 그것은 바로 공식처럼 투자를 하는 것이다.

역사를 되돌아보면 미래에도 대위기가 올 것이고 주가 폭락은 분명히 발생할 것이다. 세계 경제가 완전히 붕괴되지 않는다면, 대한민국이 완전히 파산하지 않는다면 주식은 제자리를 찾아가게 될 것이 분명하다. 이는 역사를 통하여 여러 번 입증된 사실이다. 폭락장이 지속하면 극도의 두려움이 주식시장을 지배할 때 기계적인 방법을 동원하여 주식을 매수하는 것이다. 물론 주가는 공포가 만연한 시점에서 더 추가 하락할 수 있지만, 그에 대한 보상은 이러한 손실을 충분히 만회하고도 남을 만큼의 수익을 안겨줄 것이다.

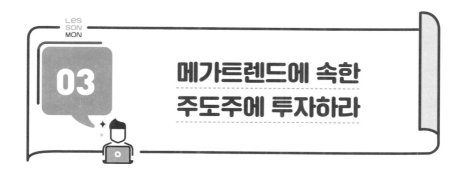

메가트렌드에 속한
주도주에 투자하라

시대마다 가장 높은 상승률을 보인 종목들은 살펴보면 하나의 공통점을 찾을 수 있다. 바로 그 시대에 가장 주목받는 최고의 산업에 있다는 것이다. 1769년 제임스 와트$^{James\ Watt}$가 증기기관을 발명하면서 제1차 산업혁명이 탄생하였다. 그러고 나서 철도산업은 가장 주목받는 산업으로 떠올랐다. 한창 절정기였던 1845년 무렵에는 하루 1개씩 철도회사가 설립되었고, 철도라는 이름만 붙어도 주가가 폭등할 정도로 인기가 높았다. 1845년 초 철도회사들이 발표한 1000여 개의 철로 신설 계획으로 인하여 막대한 투자금이 몰리게 되었고 장기적으로 호황을 구가했다. 그 당시 가장 높은 상승률을 보인 종목들은 단연 철도 관련 종목이었다.

전기, 전화, 화학, 철강, 자동차 등의 분야에서 기술혁신이 진행되면서 제2차 산업혁명이 도래하였다. 자동차 산업, 통신 산업, 전기 산업 등 대규모 투자가 이뤄지면서 산업 발전과 경제 성장에 지대한 영향을 끼쳤다. 1914년 자동차 왕 헨리 포드$^{Henry\ Ford}$가 산업의 패러다임을 바꿀 획기적인 시스템을 고안해냈다. 연속 조립 생산이 가능한 컨베이어 벨트 시스템을 자동차 공장에 도입한 것이다. 노동 생산성이 급격히 향상되었고 생산 원가는 대폭 낮아지면서 자동차 가격을 크게 낮췄다. 이로 인하여 누구나 자동차를 구매할 수 있는 자동차 대중화 시대가 도래했다. 그 밖에 새로운 산업들이 동시에 출현하면서 미국의 다우존스지수는 8년 이상 강세장을 기록했다. 지수는 무려 6배 이상 상승했다. 그 당시 가장 높은 상승률을 보인 종목은 바로 자동차 같은 신사업 관련주였다.

20세기 중반 컴퓨터, 인터넷, 인공위성 등이 발명되었고 디지털 기술이 혁신적으로 발전하면서 제3차 산업혁명이 탄생하였다. 인터넷의 발달로 인하여 기존과는 다른 새로운 비즈니스모델이 등장하기 시작하였고 마이크로소프트, 야후, 구글, 아마존 등을 비롯한 초거대 기업들이 출현하였다. 초고속 인터넷망이 보급되면서 인터넷을 사용하는 인구가 급격하게 증가하면서 대중화가 빠르게 진행했다. 2000년대로 접어들면서 인터넷 관련 분야는 급속히 성장했고, 주식 시장에서 '닷컴 버블'이 발생했다. 그 당시 미국에서 제일 큰 인터넷 사업자였던 AOL 기업의 주가는 당시 기준으로 1000억 달러가 넘는 숫자를 기록하였으며, 동시에 수많은 IT 관련 기업들의 주가가 폭등하였다. 국내 코스닥도 같은 현상이 발생하였으며 전자상거래 관련 사업을 진행한다는 공시를 내기만 해도 주가가 여러 번 상한가를 기록했던 경우가 비일비재하였다. 그때 가장 높은 상승률을 보인 종목은 IT 관련주였다.

최고의 수익은 주도업종에서 나온다. 주도업종이란 그 당시 가장 주목받는 업종을 말한다. 다가올 미래에 주도업종을 찾아서 선제적으로 투자해야 한다. 주도업종은 미래에 벌어들이게 될 수익을 얼마나 높게 기대하는지에 따라 결정된다. 개별 주식도 그 원리가 같다. 주도주도 주도업종과 마찬가지로 미래에 벌어들일 수익이 얼마나 높을지에 따라 결정된다. 앞으로 가장 기대되는 산업에서 최고의 주식을 미리 선점하여 고를 수 있다면 텐배거 이상의 수익을 거둘 수 있다.

우리는 현재 4차 산업에 직면했다. 인공지능[AI], VR/AR, 빅데이터, 클라우드, 로봇, 신재생에너지, 자율주행차와 전기차 등 향후 가장 유망한 업종과 주도주에 투자해야 한다.

주도주를 선정하는 가장 쉬운 방법은 각 업종에서 시가총액이 가장 높은 1, 2, 3위의 기업을 선택하는 것이다. 증권사 HTS를 검색하면 업종별 대표종목들을 확인할 수 있다. 주도업종이 상승하기 시작할 때 가장 큰 수익률을 보이는 것은 일반적으로 그 분야에서 규모가 가장 큰 대장주들이다. 다른 방법으로는 그 업종 군에서 일정 기간 동안 가장 높은 상승률을 보인 종목이다. 반도체업종에서 주도주를 선별한다면 다음의 예시와 같다. 시가총액 기준(2020년 말)으로 삼성전자, SK하이닉스가 선정되었고, 수익률 기준(2020년 1월~12월)으로 신성이엔지, 에프에스티 종목군을 선정할 수 있다.

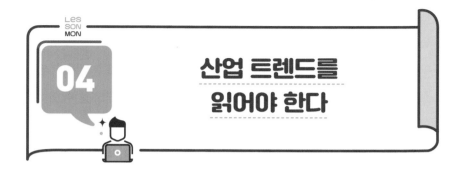

투자에서 가장 중요한 부분을 꼽자면 미래의 변화를 먼저 읽고 선제적으로 투자하는 것이다. "산업 트렌드를 읽는다"는 것이 거창하게 보일 수 있지만 의외로 간단하다. 현재 주변에서 어떠한 변화가 일어나고 있는지를 확인하는 것이다. 더 나아가 현재의 작은 변화가 시간이 지나며 어떠한 방향으로 큰 변화를 일으킬지 예상해보는 것이다. 미래 우리의 삶이 어떻게 변할지를 예상해보자. 투자 기회도 사업 기회도 세상의 변화를 먼저 파악하는 것에 달려있다.

트렌드를 읽는 4가지 방법

■ 첫째, 신문과 뉴스를 많이 본다

특히 신문은 세상에서 일어나는 일을 압축하여 소개하고 있기 때문에 트렌드를 파악하는 데 용이하다. 신문은 국내뿐만 아니라 해외에서 일어난 주요 사건들을 소개하고 있어서 큰 흐름의 변화를 포착할 수 있다. 세계적인 미래학자인 앨빈 토플러^{Alvin Toffler}는 매일 아침 대여섯 개 정도의 신문을 정독할 정도로 신문광으로 알려져 있다. 그는 미래를 예측하는 통찰력의 원천으로 호기심, 독서, 신문, 사색 등을 꼽았다.

▪ 둘째, 미래를 의도적으로 상상해본다

앨빈 토플러는 "미래는 예측하는 것이 아니라 상상하는 것이다."라고 언급했다. 맞는 말이다. 미래의 결과물은 대부분 사람의 상상에서 시작된다. 자동차, 컴퓨터, 스마트폰 등 모두 상상에서 탄생했다. 현재는 기술발전의 속도가 엄청나게 빠르고 강력하다. 상상이 현실이 되는 시간이 점점 짧아지고 있다.

《상상, 현실이 되다》의 유영민 작가는 상상한 멋진 이미지를 보며 그 상상을 현실로 이룰 수 있는 요소를 찾아보라고 했다. 어떤 과정을 거쳐 언제쯤 현실화될지, 실현되었을 때 우리 삶에 어떤 변화가 일어날 것이지 상상해보자고 했다.

투자자는 항상 미래 지향적인 관점으로 투자해야 한다. 현재 사실을 바탕으로 미래 어떤 일이 펼쳐지면 좋은지를 생각해보는 것이다. 많은 사람이 창업하기 전에 아이템을 고려한다. 하지만 우리가 생각하는 창업 아이템의 대부분은 이미 시장에서 볼 수 있다. 수많은 사람들이 더 나은 서비스와 제품을 구현하기 위해 오늘도 노력하고 있다. 사람이 원하는 것을 상상으로 펼칠 수 있고, 그러한 제품이나 서비스를 출시하는 기업은 주식시장에서 슈퍼스타로서 높은 수익을 안겨준다.

▪ 셋째, 다양한 사람들과 대화를 나누면서 정보를 얻는다

사람들을 자주 만나서 대화를 듣고 경청하다 보면 미래를 보는 혜안을 얻을 수 있다. 사람은 자신이 보고 경험한 것을 토대로 세상을 바라보고 해석한다. 시간의 유한함으로 인하여 한 사람의 시야는 매우 좁고 편협할 수밖에 없다. 한계가 존재한다. 수많은 사람을 통해 세상을 바라볼 때 편견에서 벗어날 수 있으며 다각화된 관점을 가질 수 있다. 또한 타인의 경험과 관점을 통하여 자신의 시야에서 볼 수 없었던 세상을 바라볼 수 있게 된다.

▪ 넷째, 여유시간을 충분히 갖는다

일에 너무 매진하다 보면 역으로 트렌드의 변화를 읽지 못하는 경우가 생긴다. 주위를 바라볼 여유가 없기 때문이다. 주변에서 일어나는 작은 변화를 눈치채지 못한다. 여가활동을 즐기거나 여유를 가지고 주변을 둘러보는 시간을 갖는 것이 좋다.

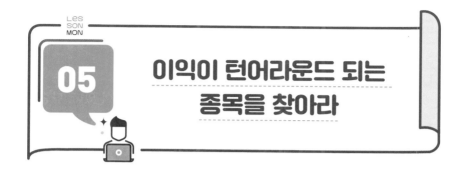

① 턴어라운드 기업에 투자하라

적자 상태에 있던 기업의 실적이 개선되어 흑자전환이 예상되는 기업의 주식을 보고 '턴어라운드 주식'이라고 말한다. 조직 개편, 경영 혁신, 적자 사업 매각, 기업 분할 등을 통해 실적이 극적으로 개선되는 경우를 말한다. 여기서는 좀 더 넓은 범위로 적자에서 흑자로 전환하는 경우뿐만 아니라 기업의 실적이 개선되는 종목을 '턴어라운드 종목'으로 정의하고자 한다.

이러한 주식을 어떻게 발굴해낼 수 있을까? 많은 사람이 턴어라운드 주식을 발굴할 수 있는 특별한 비법을 원하지만 그러한 것은 존재하지 않는다. 턴어라운드 종목을 선점하기 위해서는 회사 내부 상황에 정통하거나 해당 산업의 경기 변화를 민감하게 파악해야 한다. 이를 위해 발로 뛰는 방법이 가장 효율적이다. 기업의 IR에 참석하거나 물건이 판매되고 있는 현장에 방문하여 관련 종사자들로부터 자세한 이야기를 들음으로써 남들보다 먼저 턴어라운드 기업을 파악할 수 있다. 애널리스트들이 발표하는 보고서를 통해서도 턴어라운드 되는 기업들을 다수 찾아낼 수 있다.

② 턴어라운드 기업 투자 시 유의사항 5가지

턴어라운드 종목에 투자하기 전에 몇 가지 유념할 사항이 있다. 단순히 실적이 턴어라운드 된다는 사실만으로 주가가 큰 폭으로 상승하지 않는다.

첫째, 턴어라운드 전 과도한 주가 하락이 있어야 한다. 실적 부진에 따른 기업가치 하락분이 주가에 반영된 기업들만 추려 투자 해야 한다. 주가가 큰 폭으로 하락하지 않은 상태에서 적자를 벗어난 다음 흑자 전환을 달성하면 주가 상승이 미비할 수 있다.

둘째, 실적 상승폭이 높아야 한다. 과거 최대 실적을 기록했던 호황기 수준으로 예상 실적이 기대된다면 큰 폭의 주가 상승을 예상할 수 있다. 단순히 적자가 축소된다거나 적자를 겨우 벗어나는 정도의 흑자 전환으로는 주가 상승폭이 미미할 것이다.

셋째, 장기적인 실적 상승이 예상되어야 한다. 1~2년 실적 상승 후에 하락이 예상된다면 가파른 상승 후에 급락할 수 있다. 단기적인 실적 회복이 아닌 장기적인 성장이 예상되는 기업에 투자하는 것이 유리하며, 이를 파악하기 위해서는 트렌드 및 전방 산업의 변화에 주목해야 한다.

넷째, 주가가 반영될 때가지 인내심을 갖고 기다려야 한다. 턴어라운드 종목을 발견했다고 해서 주가가 바로 오르는 경우는 많지 않다. 시장이 턴어라운드 기업의 흑자전환이 일시적인 것인지, 장기적인 것인지를 판단하는 데 시간이 필요하다. 이 시간을 기다려야 한다.

다섯째, 턴어라운드 이후에도 투자 기회는 존재한다. 오랜 침체 후에 전방 산업이 턴어라운드 된다면 이는 장기적인 주가 상승을 불러올 수 있다. 턴어라운드가 되는 그 시점에 투자를 하지 못했더라도 성장주 관점에서 투자하게 된다면 높은 주가 상승의 기회를 얻을 수 있다.

③ 턴어라운드 기업 발굴 방법

전방 산업의 업황이 회복되고 있는지를 파악하라

턴어라운드 기업을 발굴하기 위한 다양한 방법이 존재한다. 먼저 전방 산업*의 업황이 회복되고 있는지 파악해야 한다. 뉴스, 경제신문, 산업과 관련된 잡지 등을 구독하거나 애널리스트가 발표하는 산업 동향 보고서와 개별 기업 리포트를 꾸준히 읽는 것이 중요하다. 이를 통해 전방 산업의 회복 조짐을 미리 파악할 수 있다. 기업의 실적은 대부분 산업과 유기적으로 연결되어 있다. 기업의 실적을 향상하기 위해서는 기업이 생산하고 있는 제품이나 서비스의 수요가 증가해야 한다.

자동차를 예로 들면 완성차를 제조하는 기업들의 자동차 판매량이 증가하면 자연스럽게 자동차 부품업체 판매량도 증가한다. 또한 자동차 부품업체들은 원재료인 철강 등을 대량으로 매입하기 때문에 철강업체들의 매출도 향상된다. 철강업체들은 원료인 철광석을 수입해야 하므로 철광석을 채굴하는 업체들의 매출 또한 증가한다는 것을 예상할 수 있다. 전방 산업의 업황을 알 수 있다면 자연스럽게 후방 산업에 속해 있는 기업들의 실적 변화를 예상할 수 있다. 업황 전망이 좋다는 말은 최전방에 있는 사업의

---

* 전방산업_ 어떤 재료나 소재 등을 이용하여 특정 제품을 생산하거나 판매하는 산업을 통틀어 이르는 말이다.

매출이 꾸준히 증가하고 있다는 것을 말한다. 최전방 산업의 업황이 어떻게 흘러가는지 파악하는 것이 턴어라운드 기업을 발굴하는 가장 기본적인 방법이다.

한발 더 나아가 전방산업인 완성차를 제조하는 기업들의 자동차 판매량이 향상되려면 이를 소비하는 사람들의 주머니 사정이 좋아지거나, 새로운 서비스 혹은 신제품을 출시하여 니즈를 충족시켜주어야 한다. 자율주행차와 전기차처럼 새로운 제품을 출시한다면 고객들은 편리함과 함께 연비에 매료되어 자동차를 구매할 것이다. 또한 경제가 활성화되어 양질의 일자리가 많아져 소비자의 소득이 높아지면 자연스럽게 자동차 구매율이 증가하게 될 것이다. 모든 산업에서 수요를 결정짓는 가장 중요한 요소인 소비자의 구매 패턴, 행동 양식 등의 변화를 꾸준히 주시한다면 턴어라운드 기업을 미리 파악하는 데 도움을 얻을 수 있다.

원자재의 가격 변동을 매일 체크하라

원자재 가격 동향은 선행지표로써 경기의 방향성을 알려주는 역할을 한다. 경기가 상승하면 원자재의 수요가 증가하여 가격이 오르게 된다. 경기가 하락하면 원자재의 수요가 감소하여 가격이 내려가게 된다. 특히 구리 가격은 경기 변동과 민감하게 반응하여 경기 회복의 전환점을 파악하는 데 용이하다. 구리는 자동차, 건설, 해운, 발전소 등 모든 분야에서 광범위하게 사용되기 때문이다.

기업은 자신이 속한 분야의 전망을 누구보다 민첩하게 파악한다. 기업들은 업황 개선이 예상될 때 생산 물량을 늘리기 위해 원자재를 대량으로 매입한다. 이로 인하여 수요가 증가하며 원자재 가격이 상승한다. 이런 동향을 알고 있다면 향후 관련 기업들의 매출 증가 가능성을 미리 파악할 수 있다. 구리를 포함한 다양한 원자재 가격 변동을 통하여 관련 업황을 파악하는 것이 가능하다. 따라서 원자재 가격 동향을 꾸준히 확인하는 것이 중요하다. 인베스팅닷컴(investing.com)을 통해 그날그날의 원자재 가격 동향을 파악하자.

강도 높게 구조조정을 하는 기업을 주목하라

구조조정을 하는 기업들은 수익성이 저조한 사업부를 축소 또는 폐쇄하거나 자회사를 매각한다. 사업부를 축소하면서 동시에 희망퇴직 등 인력 구조조정을 통하여 관련 비용을 줄인다. 또한 부동산이나 관련 자산 등을 매각하여 차입금을 감소시켜 이자 비용을 대폭 줄인다. 이처럼 구조조정을 하면 기업의 규모는 줄어들지만 반대로 기업의 수익성은 좋아진다. 과거 IMF 당시 기업들의 주가가 큰 폭으로 상승한 원인 중 하나가 기업의 강도 높은 구조조정 때문이었다. 구조조정에 의한 수익성 증가에 따른 실적 턴어라운드를 통하여 주가가 상승하게 된 것이다. 강도 높게 구조조정을 시행하는 기업은 향후 턴어라운드 가능성이 크기 때문에 관심을 두고 지켜봐야 한다.

산업 구조조정을 통하여 경쟁 기업들이 파산하는 곳을 주목하라

어떤 산업이 전반적으로 어려움을 겪는다면 동종업계 기업들 중 다수가 파산한다. 이때 남겨진 기업들의 시장점유율이 증가하여 과거보다 높은 실적을 기록하는 것을 볼 수 있다. 물론 사양산업으로 치부되어 전체적으로 매출이 줄어든다면 경쟁회사가 파산하더라도 매출이 줄어드는 경우가 발생할 수 있다. 산업의 침체로 어려움을 겪을 때도 필수산업은 일정 부분 수요가 꾸준히 유지되는 편이다. 살아남은 기업의 매출이 증가하는 경우가 일반적이다. 최근 큰 폭으로 상승했던 HMM(구 현대상선)은 경쟁회사의 파산으로 인한 독점으로 인하여 향후 과거 10년 전 달성했던 최대 실적을 훌쩍 뛰어넘는 매출이 예상된다. 구조조정과 함께 업황 회복이 동반된다면 텐배거가 나올 수 있다.

턴어라운드 실제 사례를 살펴보자

▪ HMM(구 현대상선)

HMM은 컨테이너와 벌크화물 운송 등을 주요 사업으로 영위하고 있다. 최근 HMM은 코로나19로 인하여 하락하기 전에 약 3,500원(2020년 1월)대 가격에서 12배 이상 주가가 상승했다. 팬데믹으로 인하여 하락했던 최저점에서 약 20배 이상 주가가 상승했다. HMM은 전형적인 턴어라운드의 모습을 보여준다. HMM은 9년간 적자를 기록하면서 기업 존폐의 기로에 선 적이 있을 만큼 큰 어려움을 겪었다. 하지만 이러한 기업이 턴어라운드할 때 10루타에 버금가는 수익을 안겨준다.

◆ HMM 주가차트

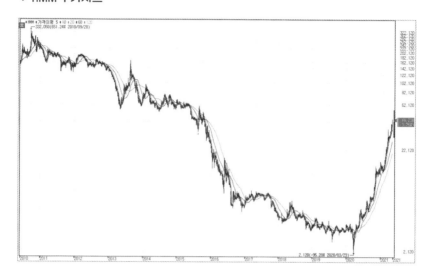

◆ HMM 2016~2020년 연결 재무제표

주요재무 정보	연간							
	2016/12 (IFRS 연결)	2017/12 (IFRS 연결)	2018/12 (IFRS 연결)	2019/12 (IFRS 연결)	2020/12 (IFRS 연결)	2021/12(E) (IFRS 연결)	2022/12(E) (IFRS 연결)	2023/12(E) (IFRS 연결)
매출액	45,848	50,280	52,221	55,131	64,133	89,614	88,415	92,617
영업이익	−8,334	−4,068	−5,587	−2,997	9,808	26,499	22,092	26,443
영업이익 (발표기준)	−8,334	−4,068	−5,587	−2,997	9,808			
세전계속 사업이익	−4,155	−11,870	−7,789	−5,867	1,278	24,526	18,818	23,450
당기순 이익	−4,582	−11,907	−7,906	−5,898	1,240	24,138	18,499	22,920
당기순 이익(지배)	−4,596	−11,910	−7,907	−5,899	1,239	24,132	18,496	22,900

2020년 초 코로나19가 창궐했을 때 전 세계적으로 경제활동이 거의 멈
췄고 무역 역시 중단되었다. 전 세계 물동량이 하락하면서 해운업은 가장

큰 타격을 받았다. 2019년 9월 4일 BDI* 철광석, 석탄, 곡물 등 원자재를 주로 실어 나르는 벌크선의 운임지수는 2,518에서 계속 하락하여 2020년 5월 13일 398을 기록한다. 해운업의 업황이 최악의 상황에 직면해있음을 알 수 있다. 며칠 지나지 않아 반전의 신호를 확인했다. 2020년 5월 15일 HMM의 1분기 영업실적이 작년대비 크게 개선되면서 해운 산업의 회복을 알리는 뉴스를 본 것이다. 이것은 턴어라운드의 작은 징조였다. 기업의 미래 전망이 가장 좋지 않았던 시기가 턴어라운드의 가능성이 가장 높은 시기이다. 더는 추락할 곳이 없기 때문이다.

◆ **2019~2020년 발틱운임지수**

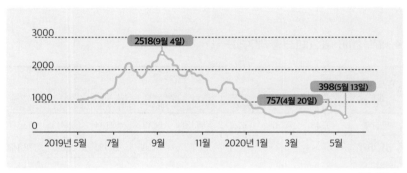

출처: 블룸버그

약 2주 뒤인 5월 30일 코로나바이러스로 중단되었던 아시아 북미 항로 서비스가 재개된다는 뉴스와 함께 화물 초과에 따른 선복 부족 현상이 심화되고 있다는 것을 보았다. HMM 주가는 본격적으로 상승하기 시작

---

* BDI: 발틱해운거래소가 산출하는 건화물시황 운임지수를 말한다.

했다. 5월 20일 주가는 3,735원에서 6월 11일 5,570원까지 상승했다. 약 50% 이상의 상승률을 보였다. 본격적인 턴어라운드가 시작하는 시기였다. 6월 17일 기준 상하이 컨테이너 운임지수가 폭등하기 시작했고 주가는 그 후부터 44,000원까지 쉬지 않고 계속 상승했다. 턴어라운드의 종목 중에 서도 오랫동안 적자에 시달렸던 기업 상황이 개선되는 경우에 큰 폭으로 주가가 상승하는 것을 볼 수 있다. 주식은 단순하다. 남들보다 훨씬 앞서서 미래를 예측하거나 파악하지 않아도 된다. 남들보다 반 발자국 앞서 선제 적으로 투자하면 높은 수익을 얻을 수 있다.

◆ **슈퍼개미 배진한 HMM 수익률(2021.05.12)**

계좌번호			배진한 (QV		☑ 상폐포함	일괄매도	조회
총매입			평가손익			실현손익	
총평가			평가수익율			추정자산	
☐ 종목명	구분	평가손익	수익율▼	매입가	잔고	매도가능	현재가
☐ HMM	현금		1,458.13	3,070			47,950

■ **삼일씨엔에스**

삼일씨엔에스는 1965년 설립된 콘크리트 파일, 스틸 강교를 제조하는 업체다. 콘크리트 파일은 건축물의 기초 건자재로 사용되고, 스틸 강교는 도로 및 철도 교량의 상부 구조물을 구성하는 데 이용한다. 2021년 4월 기 준 삼일씨엔에스는 코로나19로 인하여 하락했던 약 7,000원(2020년 2월)대 가격에서 2배 이상 주가가 상승했다. 2016년 이후 건설 산업이 부진하여 4 년 동안 실적이 지속적으로 감소했었다.

◆ 삼일씨엔에스 주가차트

◆ 연결재무제표

주요재무 정보	연간							
	2016/12 (IFRS 연결)	2017/12 (IFRS 연결)	2018/12 (IFRS 연결)	2019/12 (IFRS 연결)	2020/12 (IFRS 연결)	2021/12(E) (IFRS 연결)	2022/12(E) (IFRS 연결)	2023/12(E) (IFRS 연결)
매출액	2,841	2,209	2,056	1,955	1,861	2,298	1,990	
영업이익	557	129	37	36	−3	237	180	
영업이익 (발표 기준)	557	129	37	36	−3			
세전계속 사업이익	515	47	−84	31	−10	158	180	
당기순이익	375	44	−74	27	−10	178	140	

콘크리트파일 생산자물가지수는 2015년과 2016년에는 100을 유지하다가 2020년 10월 83까지 하락한 후 2021년 1월 다시 102까지 상승했다.

콘크리트 가격의 주된 상승요인은 2021년까지 전국 아파트 분양이 지속적으로 증가할 것으로 전망되었기 때문이다. 2020년 여름 장마로 인하여 지연되었던 착공이 연말부터 진행되었다. 파일 업체들의 CAPA를 단기간에 증가시키기 어렵다는 것도 가격 상승의 원인이었다. 2015~2016년 건설 산업이 호황기 때 호실적을 기록하였으며, 실적과 콘크리트 파일 가격이 연관되었다는 것을 확인할 수 있다. 콘크리트 파일 가격이 상승한 후로 주가는 2배 이상 상승했다. 원자재의 가격의 변동요인을 파악하면 턴어라운드 징조를 미리 알 수 있다.

◆ **콘크리트파일 생산자물가지수**

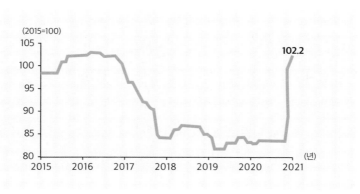

출처: 한국은행, 통계청, KTB투자증권

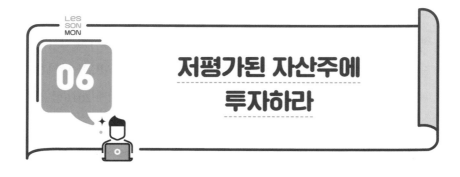

저평가된 자산주에
투자하라

자산주는 기업이 가치 있는 자산을 충분히 소유하고 있음에도 시장으로부터 그에 걸맞은 주가를 인정받지 못하는 주식이다. 이러한 기업들을 면밀히 살펴보면 빚은 적고 주로 부동산 자산인 건물이나 토지 등을 확보하고 있으며 많은 현금을 보유하고 있는 경우가 많다. 이런 기업들은 대체로 안정적인 실적과 이익을 창출하며 꾸준히 배당을 제공한다. 지표상으로는 저PBR$^{Price\ Book\ Value\ Ratio,\ 주가순자산비율}$ 종목으로 구분된다. 오랜 시간 인내를 갖고 기다려야만 수익을 얻을 수 있다는 것이 자산주의 특징이다.

자산주 투자 방법

자산주에 투자할 때 몇 가지 사항을 유념해야 한다. **첫째, 최소한의 성장성은 확보해야 한다.** 자산주라고 해도 약간의 성장성을 갖추어야만 시장에서 주목받을 가능성이 높아진다. 주식시장은 실적이 증가하는 기업들을 항상 주시하고 있기 때문이다. 시가총액을 넘어서는 자산을 보유하고 있다고 할지라도 사업이 사양길로 접어들어 매출액이 지속해서 감소하는 기업은 시장으로부터 좋은 평가를 받기 힘들다.

둘째, 신사업 또는 새로운 성장동력을 갖추어야 한다. 시장은 영리하다. 많은 자산을 보유하고 있음에도 적정 가치를 주지 않는 것은 그만한 이유가 있다. 미래에 비전이 없다거나 기대하기 어려운 기업은 좋은 평가를 받기 힘들다. 확보한 자산을 활용하여 향후 높은 수익을 창출할 수 있는 신사업 등을 추진하게 된다면 주가가 크게 상승할 가능성이 크다.

셋째, 자산 재평가를 하는 회사에 투자하라. 과거 수년 또는 수십 년 전에 구매했던 토지를 그 당시 장부가액 그대로 반영한 기업들도 존재한다. 이러한 기업들이 소유한 부동산을 재평가하는 경우에 가치가 크게 상승할 수밖에 없다. 대부분 자산주는 시가총액 대비 높은 자산가치를 확보하여 저 PBR을 형성하고 있는데, 자산 재평가를 하면 자산의 가치는 더욱 상승하게 되고 PBR은 더 낮아지게 된다. 자연스럽게 시장에서 주목받게 될 가능성이 크다.

대한민국을 대표하는 기업 중 하나로 삼성전자를 꼽을 수 있다. 삼성전자는 1993년 이건희 회장의 신경영 선언 이후 1993년 매출은 29조 원에서 2012년 380조 원으로 13배 증가했다. 수출은 107억 달러에서 1572억 달러로 15배 이상 증가했다. 시가총액은 7조 6000억 원에서 338조 원으로 무려 44배나 상승했다. CEO의 중요성은 여러 번 말해도 지나치지 않는다. 모든 사업의 방향과 전략이 대부분 CEO를 통해서 결정되기 때문이다. 유능한 직원을 고용하고 적재적소에 배치하는 것도 CEO의 역할이며, 사업의 비즈니스 모델을 구상하여 추진하는 것도 CEO의 역할이다. 직원들에게 동기를 부여하여 생산성을 높이는 것도 CEO가 감당해야 한다. 세상의 변화를 주시하여 사업의 방향을 설정하는 업무도 CEO가 정한다. 기업의 흥망성쇠를 좌지우지하는 가장 큰 요소가 CEO라는 사실을 기억하고 투자하는 습관을 들이는 것도 중요하다.

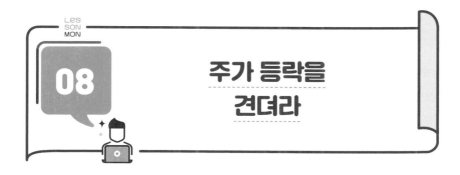

주가 등락을 견뎌라

2003년 3월 17일부터 2013년 3월 16일까지 탄생한 텐배거 종목은 78개이고, 2013년 3월 18일부터 2021년 3월 17일까지 탄생한 텐배거 종목은 20개다. 20년간 텐배거 종목 98개를 살펴보면 주가가 10배까지 상승하는 동안 고점 대비 50%가량 하락하는 경우가 자주 발생했다. 큰 등락이 반복하는 동안 저점에서 매수한 다음 고점에서 매도한다면 최고의 수익률을 얻을 수 있다. 하지만 말처럼 쉬운 일이 아니다. 주가 등락을 견디는 것이 1,000%의 수익에 달성하는 핵심 비결이다.

주가 등락을 견디는 3가지 핵심 비결

첫째, 투자하려는 기업에 대하여 확실히 알아야 한다. 무조건 주가 변동을 무시하고 견디라는 것은 아니다. 불황으로 인하여 사업이 어려워지거나 신사업에 실패하는 등 성장 동력을 잃어버린 회사는 매도하는 것이 맞다. 하지만 이를 파악하기 위해서 투자한 기업에 대해 명확하게 알아야만 한다. 기업에 대하여 알지 못한다면 매수해야 할 때와 매도해야 할 때를 판단할 수 없기 때문이다.

둘째, 기업의 가치를 추정할 수 있어야 한다. 기업에 대한 전반적인 지식을 얻은 후에는 기업의 가치를 대략 추정할 수 있다. 스스로 추정한 기업의 가치는 주가가 큰 등락을 반복하는 가운데 투자자가 주식을 매도하지 않고 버틸 수 있는 든든한 버팀목이 된다.

셋째, 손실을 받아들일 수 있는 규모로 투자해야 한다. 한 종목에 자산의 전부 혹은 너무 많은 비중으로 투자하면 주가가 상승과 하락을 반복할 때마다 견딜 수 없게 된다. 하락한 후에 주가가 원금 수준으로 회복되지 않는 경우도 다수 발생하기 때문이다. 또한 감당하기 어려운 수준으로 빚을 내어 주식에 투자하면 심리적인 압박감에 휩싸이게 된다. 작은 주가 등락에도 견디지 못하고 투매를 반복하게 될수록 실패할 확률도 커진다.

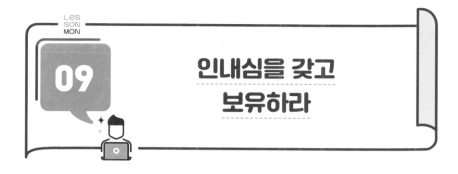

인내심을 갖고 보유하라

미국의 유명한 투자자 토마스 불코우스키[Thomas N. Bulkowski]는 미국 시장에서 텐배거 주식의 특징을 분석했다. 1992년부터 2007년까지 투자 기간 5년 안에 10루타가 된 종목들의 상세한 특징을 분석한 것이다. 5년 미만의 기간 동안 텐배거를 달성한 종목들을 살펴보면 10배로 상승하는 데 있어서 평균적으로 4년 정도 걸렸다. 텐배거 종목을 발굴하기 위해서는 수년간 인내의 시간이 필요하다는 것을 알아야 한다. 주식투자는 머리로 하는 것이 아니라 엉덩이로 번다는 말이 있다. 맞는 말이다. 유럽의 전설적인 투자자 앙드레 코스톨라니는 말했다. "일단 우량주 몇 종목을 산 다음 수면제를 먹고 몇 년 동안 푹 자라."

◆ 5년 이내 텐배거를 달성한 종목

기간	변동률	누적률
1	8%	8%
2	17%	25%
3	13%	37%
4	21%	59%
5	41%	100%

출처: 《기본분석과 포지션 트레이닝 Fundamental Analysis and Position Trading》

종합적으로 판단할 때 살펴야 할 6가지

주식시장에는 다양한 투자자들이 존재한다. 투자자마다 자신만의 방법을 사용하여 투자한다. 투자자는 크게 기본적 분석 혹은 기술적 분석을 사용하는 투자자로 구분할 수 있다. 기본적 분석을 사용하는 투자자는 기업의 가치를 평가하여 주식의 매수·매도 시점을 결정한다. 기술적 분석을 사용하는 투자자는 차트를 분석하여 주식의 매수·매도 시점을 결정한다. 이둘을 병행하는 투자자도 다수 존재한다. 세부적으로 살펴보면 성장주 투자, 가치주 투자, 모멘텀 투자, 차트 투자, 배당 투자, 추세매매, 정보매매등 무수히 많은 투자 방법이 존재한다.

주식을 매매하는 것은 일반 상점에서 물건을 구매하는 것과 동일하다. 같은 제품을 사더라도 구매자마다 사는 이유는 다르다. 어떤 사람은 품질을 따지고, 어떤 사람은 가격을 살피고, 어떤 사람은 디자인을 보고 산다. 주식도 마찬가지다. 주식을 매수하는 데 있어서 투자자마다 매수하는 이유는 다르다. "그렇다면 가장 좋은 주식은 무엇일까?" 다양한 투자자를 모두 만족시키는 주식이 가장 좋은 주식이다.

성장주 투자자는 전방산업 및 개별 기업의 성장성을 가장 중요하게 여긴다. 가치주 투자자는 수익의 안정성과 함께 PER, PBR 등 수치가 저평가 되었는지를 가장 중요하게 생각한다. 모멘텀 투자자는 주가 상승에 필요한 장기적 또는 단기적으로 호재가 될 수 있는 재료를 가지고 있느냐를 가장 중요하게 본다. 배당 투자는 안정적인 수익 구조를 확보하고 배당률을 얼마나 잘 주는지 확인한다. 차트매매는 차트를 분석하여 상승 또는 하락 가능성을 파악하여 투자한다. 일반적으로 캔들, 거래량, 이동평균선 분석을 중요시 한다. 추세매매는 주가가 상승하는 추세에 맞추어서 종목을 매수하고 추세가 꺾이는 지점에서 주식을 매도하는데, 추세를 파악할 수 있는 추세선과 저항선을 중요하게 여긴다.

이외에도 다양한 방법들이 존재한다. 그러나 큰 틀에서 보면 차트, 재료, 가치, 수급, 배당, 성장성까지 6가지 방법으로 압축할 수 있다. 주식시장에서 모두 매수하고 싶어 하는 주식을 찾기 위해서는 전체적인 관점에서 바라보고 평가해야 한다.

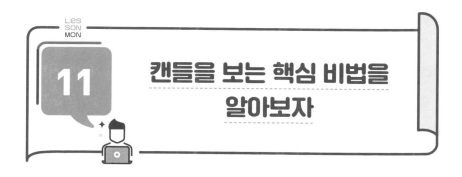

11 캔들을 보는 핵심 비법을 알아보자

캔들이란 주가를 나타내는 차트에서 주가의 움직임을 표시하는 막대를 의미한다. 캔들을 통하여 일정 기간에 변화하는 주식의 가격 흐름을 파악할 수 있다. 캔들은 주식의 가격을 시가(처음 시작 가격), 고가(가장 높은 가격), 저가(가장 낮은 가격), 종가(마지막 가격)로 나누어서 볼 수 있게 해준다.

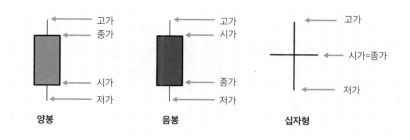

캔들에는 기본적으로 3가지 유형이 존재한다. 종가가 시가보다 높은 경우 '양봉', 종가가 시가보다 낮은 경우 '음봉', 시가와 종가가 같을 때 '십자

형'으로 분류한다. 양봉은 상승세의 흐름을 나타내며 매수 세력이 매도 세력보다 강함을 보여준다. 음봉은 하락세의 흐름을 나타내며 매수 세력보다 매도 세력이 강함을 보여준다. 십자형은 매수 세력과 매도 세력이 서로 팽팽하게 줄다리기를 하고 있는 상황임을 알려준다. 단순한 매수 또는 매도세의 우위를 측정하는 것을 넘어서 그 이면을 살펴보면 그들이 매수하는 진짜 이유를 파악할 수 있게 된다. 손님으로 인산인해를 이루는 음식점은 맛을 보지 않더라도 맛있다는 것을 알 수 있는 것처럼 말이다.

캔들은 현재 많은 투자자가 애용하는 중요한 투자 방법이다. 캔들이 대중에게 많은 사랑을 받는 이유는 과거부터 현재까지 변화하는 주가의 흐름을 한눈에 파악할 수 있을 뿐만 아니라 사람들의 심리 상태를 고스란히 드러내기 때문이다. 투자자들은 오랜 기간 캔들의 움직임을 관찰하면서 주가가 상승으로 전환되는 상승 전환 패턴의 공식과 주가가 하락으로 전환되는 하락 전환 패턴의 공식을 정립하게 되었다. 개인적으로 이를 적용해본 결과 패턴에 따른 성공 확률은 약 60~70% 정도이다. 확률을 높이기 위해서는 캔들의 움직임뿐만 아니라 그것이 움직이는 이면의 이유를 파악하는 것이 필수이다.

모든 패턴이 중요하지만 필자가 생각하는 중요한 상승과 하락의 전환 패턴은 다음과 같다. 상승 전환 패턴이 유효할 수 있는 핵심 조건은 오랫동안 주가가 하락 추세를 보였다는 것이다. 이때 상승 전환 패턴이 출현한다면 주의 깊게 살펴보아야 한다. 하락 전환 패턴이 유효할 수 있는 핵심 조건은 오랜 기간 동안 주가가 상승추세를 보였다는 것이다. 이때 하락 전환 패턴이 출현한다면 주의 깊게 살펴보아야만 한다. 추세가 전환될 가능성이 높기 때문이다.

◆ 상승 전환 패턴

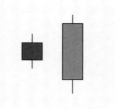

상승장악형(★★)

당일 양봉이 전일 음봉을 전부 감싸 안은 것으로 매수세가 매도세를 강력하게 압도하며 상승 반전 신호를 나타냄. 거래량이 많을수록 강한 매수세의 출현으로 상승 확률이 높아짐. 3~10 거래일 하락 추세, 최근 거래일에서 (신)저가를 형성할 경우 신뢰도가 더 높다.

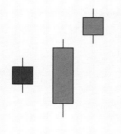

상승장악확인형(★★★)

두개의 캔들이 상승 장악형 패턴으로 나타나며, 당일의 캔들이 강세 전환을 확인시켜주는 패턴임. 당일의 종가가 첫날의 시가와 둘째날의 종가를 초과하는 상승세를 나타냄. 명백한 반전의 신호로 강력한 상승추세를 나타냄. 3~10 거래일 하락 추세, 최근 거래일에 (신)저가를 형성할 경우 신뢰도가 더 높다.

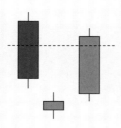

샛별형(★★★)

하락추세에서 첫날 장대음봉이 발생한 후, 둘째날 갭하락을 동반하는 단봉, 셋째날 양봉이 출현하여 첫번째 장대음봉의 50%를 상승 돌파하는 패턴을 말함. 하락 추세의 반전을 예고하는 강력한 매수세가 출현하여 상승반전 신호를 나타냄. 3~10 거래일 하락 추세, 최근 거래일에서 (신)저가를 형성할 경우 신뢰도가 더 높다.

상승잉태확인형(★★★)

하락추세에서 첫날 장대음봉이 발생한 후, 둘째날 짧은 양봉(첫날의 음봉의 몸통안에 출현), 셋째날 첫날의 시가와 둘째날의 종가를 초과하는 상승세를 기록하는 양봉이 출현함. 명백한 반전의 신호로 강력한 상승추세를 나타냄. 3~10 거래일 하락 추세, 최근 거래일에서 (신)저가를 형성할 경우 신뢰도가 더 높다.

◆ 하락 전환 패턴

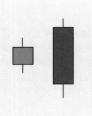

하락장악형(★★)

당일 음봉이 전일 양봉을 전부 감싸 안은 것으로 매도세가 매수세를 강력하게 압도하며 하락 반전 신호를 나타냄. 거래량이 많을수록 강한 매도세의 출현으로 하락 확률이 높아짐. 3~10 거래일 상승 추세, 최근 거래일에서 (신)고가를 형성할 경우 신뢰도가 더 높다.

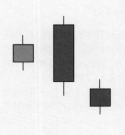

하락장악확인형(★★★)

두개의 캔들이 하락 장악형 패턴으로 나타나며, 당일의 캔들이 약세 전환을 확인시켜주는 패턴임. 당일의 종가가 첫날의 시가와 둘째날의 종가보다 낮아지는 하락세를 나타냄. 명백한 반전의 신호로 강력한 하락추세를 나타냄. 3~10 거래일 상승 추세, 최근 거래일에서 (신)고가를 형성할 경우 신뢰도가 더 높다.

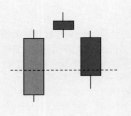

석별형(★★★)

상승추세에서 첫날 장대양봉이 발생한 후, 둘째날 갭상승을 동반하는 단봉, 셋째날 음봉이 출현하여 첫번째 장대양봉의 50%를 하락 돌파하는 패턴을 말함. 상승 추세의 반전을 예고하는 강력한 매도세가 출현하여 하락반전 신호를 나타냄. 3~10 거래일 상승 추세, 최근 거래일에서 (신)고가를 형성할 경우 신뢰도가 더 높다.

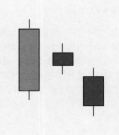

하락잉태확인형(★★★)

하락추세에서 첫날 장대양봉이 발생한 후, 둘째날 짧은 음봉(첫날의 양봉의 몸통안에 출현), 셋째날 첫날의 시가와 둘째날의 종가보다 낮아지는 하락세를 기록하는 음봉이 출현함. 명백한 반전의 신호로 강력한 하락추세를 나타냄. 3~10 거래일 상승 추세, 최근 거래일에서 (신)고가를 형성할 경우 신뢰도가 더 높다.

캔들 투자 예시

◆ **샛별형_ 네이버** 2018.08.06~2019.01.31

◆ **상승장악형_ 네이버** 2015.12.17~2016.06.16

캔들 투자 예시

◆ 하락장악형_ 삼성바이오로직스 2021.06.01~2021.10.12

◆ 하락장악확인형_ 네이버 2021.03.10~2021.10.15

캔들 투자 예시

◆ **상승장악확인형_ 카카오** 2018.08.20~2018.12.07

◆ **석별형_ 고려아연** 2016.05.27~2016.10.21

◆ **상승잉태확인형_ 코웨이** 2020.01.06~2020.08.10

◆ **하락잉태확인형_ 메리츠금융지주** 2018.01.02~2018.04.24

필자는 캔들을 통하여 사람들의 심리상태를 파악하는 매수·매도 전략으로 사용한다. 나는 장기투자를 지향하지만 몇몇 종목의 경우에 수익을 극대화하기 위하여 일부의 수량을 가지고 단기적으로 매수와 매도를 반복하곤 한다. 캔들을 통한 매매전략은 성공확률을 높여준다. 필자가 말하고자 하는 것은 기존에 보던 캔들의 공식이 아닌 지극히 주관적인 나만의 매매방법이다.

① 항상 음봉에서 매수하라

주식은 자신의 마음을 컨트롤 하지 못하는 사람은 수익을 내기 어렵다. 주식시장은 투자자가 흥분하는 순간부터 돈을 잃게 되고 평정심을 찾는 순간부터 수익을 얻게 되는 심리의 장이다. 주식투자의 경험을 가진 사람들은 누구나 공감할 것이다. 주가가 오르면 사람들은 자연스럽게 주목하게 된다. 캔들이 상승과 하락을 반복하는 것은 마치 낚시꾼이 물고기를 건져 올리기 위하여 낚싯대에 달린 미끼의 움직임을 통하여 물고기를 유혹하는 것과 흡사하다. 물고기가 낚시대에 의해 건져 올려지는 것처럼 투자자는 캔들에게 마음을 빼앗기게 된다.

주가가 상승하면서 양봉이 커질수록 사람들은 열광적으로 변하게 되고 계속해서 매수를 하게 된다. 물론 상승돌파와 같은 확실한 매수원칙에 근거한 매수라면 상관이 없겠지만 대부분은 감정을 컨트롤 하지 못해서 매수를 하는 경우가 대부분이다. 흥분하며 매수를 하게 되면 대개는 하락반등으로 인하여 손실을 보는 경우가 많다. 장기적으로 수익을 얻는다 하더라도 양봉에서 주식을 매수하는 방법은 전체적인 수익률의 하락을 초래하는 경우가 많다.

해결책은 간단하다. 음봉에서 항상 매수를 하면 된다. 차트가 장기적으로 우상향할 때 항상 상승과 하락을 반복하게 된다. 음봉에서 주식을 매수하면 양봉에서 매수하는 것보다 전체 평단가가 낮아지지만 음봉에서 매수하려고 하면 할수록 불편함을 느끼게 될 것이다. 하지만 그 불편함이 수익을 일으키는 본질임을 알게 될 때까지 노력하는 것이 필요하다.

② 항상 양봉에서 매도하라

"항상 음봉에서 매수하라"에서 말한 내용과 반대로 생각하면 된다. 대중이 흥분할 때는 과도한 매수가 나타난다. 열광할 때 주식을 매수한다면 특히 단기적으로 상투를 잡는 경우가 많다. 이때는 물량의 일부를 매도하는 것이 유리하다. 머지않아 하락반등이 올 수 있기 때문이다. 시간을 길게 늘인다면 중장기적으로도 적용된다. 단기매매를 위해서는 일봉이나 분봉 등을 이용해서 매도하면 되고 중장기적으로는 월봉과 주봉을 이용해서 매도를 하면 되는 것이다. 결국 원칙은 음봉이 아닌 양봉에서 항상 매도하라는 것이다.

이동평균선을 보는 핵심 비법을 알아보자

이동평균선이란 일정 기간 동안 주가를 평균한 값을 차례로 연결하여 만든 선이다. 평균적 값을 선으로 연결하여 향후 추세를 판단하고 미래 주가의 방향을 전망하는데 유용하게 사용한다. 주가는 매일 상승과 하락을 반복한다. 하루하루의 주가 움직임만을 가지고는 주식 가격이 현재 어느 방향으로 향하고 있는지 결론을 내리기 어렵다. 이동평균선은 주가가 단기적으로 심한 등락을 보인다고 할지라도 일정 기간의 주가 움직임이 어느 방향으로 나아가는지 확실하게 알 수 있게 해준다.

이동평균선을 통하여 추세의 전환 여부를 예상할 수 있다. 주가가 이동평균선을 뚫고 내려가거나 반대로 뚫고 올라가는 경우가 있다. 이동평균선을 뚫고 주가가 내려갔다면 추세가 전환될 가능성이 높다고 할 수 있다. 평균 가격 구간을 뚫고 하락했다는 것은 그 가격대에 매수세가 약하고 매도세가 강하다는 것을 말한다. 투자자들이 실망하여 매물을 쏟아낼 수 있기 때문에 추세의 전환이 가속화될 수 있다. 이동평균선을 뚫고 주가가 올라갈 때도 마찬가지다. 평균 가격 구간을 뚫고 상승했다는 것은 그 가격대에 매수세가 강하고 매도세가 약하다는 것을 의미한다. 매수세가 강하다는 것은 수급이 좋다는 것을 의미한다. 수급을 결정짓는 이유를 제대로 파악하는 것이 중요하다. 매수세(수급)가 좋을수록 그 기업에 강력한 호재가 있거나 기업의 가치가 저평가되어 있다는 것을 의미하기도 한다. 투자자들은 가격 상승을 확인한 후 더 오를 것이라고 확신할 것이다. 그런 다음 추가 매수를 할 수 있기 때문에 추세 전환을 가속화할 수 있다.

이동평균선의 기울기 변화에 따라 추세 전환 여부를 예상할 수 있다. 이동평균선의 기울기가 가파른 우상향 곡선에서 점차 수평한 상태를 나타낸다면 그 추세가 끝에 이르렀다는 의미로 해석할 수 있다. 매수 물량과 매도 물량이 보합을 이루고 있기 때문이다. 또한 평행한 기울기가 위로든 아래로든 방향을 잡으면 향후 나아가는 추세 전환의 신호로써 받아들일 수 있다.

또한 이동평균선은 오늘의 종가와 이전 평균가의 가격 차이를 알 수 있는 중요한 역할도 한다. 20일선의 가격이 5,000원이고 현재 종가가 4,000원이라면 20일 동안 꾸준히 주식을 매수한 매수자들이 평균적으로 1,000원의 손해를 입었다는 것을 알 수 있다. 그렇다면 20일선의 가격대에 매수한 사람들이 심리적으로 어떠한 상태에 놓여 있는지 대략적으로 파악할 수 있다. 낮아진 주식가격으로 인하여 대량 매수할 수 있으며, 혹은 하락 추세를 감지하여 대량 매도가 나올 수도 있다.

① 이동평균선의 특성 및 매매방법

일반적으로 5일, 20일, 60일, 120일, 240일선을 주로 사용한다. 5일 이동평균선은 일주일간의 주가 흐름을 나타내며 생명선으로 불린다. 주로 급등주와 같은 단기매매에 활용된다.

20일 이동평균선은 한 달 동안의 주가 흐름을 나타내며 '세력선'이라고도 불린다. 주로 단기적인 주가의 상승 및 하락 추세를 파악할 때 살펴본다. 특히 주가가 오르는 추세일 때는 지지선 역할을 하고, 하락하고 있을 때는 저항선 역할을 한다. 참고로 '세력'이란 특정 종목을 큰 자금으로 움직일 수 있는 사람과 조직을 말한다. 연기금, 기관, 외국인도 세력의 범위에 포함될 수 있고, 개미들이 힘을 합친 주식동호회도 세력이 될 수 있다.

60일 이동평균선은 '수급선'이라고도 부르며 주식시장의 전체적인 전망을 볼 수 있는 선으로 중장기 추세를 파악하는 데 이용한다. 상승 또는 하락할 때 큰 흐름을 보여주는 경우가 많이 있다.

120일 이동평균선은 6개월의 주가 흐름을 보여주며 기업 및 산업의 경기를 파악할 수 있는 선이다. 특히 기업의 1년 중 반기 상황을 파악할 수 있어 '경기선'이라고도 부르며 저항 지지선으로 많이 활용한다.

240일 이동평균선은 1년간의 주가 흐름을 보여주며 '바닥선'이라고도 한다. 특히 240일선 아래 주가가 형성되어 있다면 하락 국면에 있는 것으로 상승 여력을 확보하는 것이 어렵기 때문에 매매하지 않는 것이 좋다.

② 이동평균선이 정배열로 만들어질 때 매수하라

이동평균선이 정배열로 될 때 매수하는 것이 가장 안전한 투자법이다. 정배열이란 이동평균선이 5일, 20일, 60일, 120일, 240일 순서대로 배열

되는 것을 말한다. 기업의 실적이 우수하거나 향후 좋은 호재가 예상될 때 큰 자금을 가지고 있는 기관이나 외국인이 매수한다. 이때 이동평균선이 정배열로 만들어진다. 이평선이 정배열로 만들어지면서 주가가 상승하는 경향을 보이는 바로 이 시점을 놓치지 말아야 한다. 특히 대형 우량주의 경우 정배열이 형성될 때 주가 상승 가능성은 더욱 크다.

◆ 카카오 주식 차트

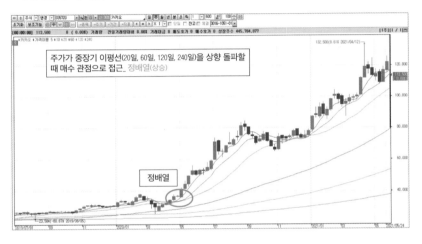

③ 이동평균선이 정배열 전환 후 눌림목 구간에서 매수하라

이동평균선이 정배열 전환 후 주가가 상승하다가 거래량이 감소하면서 주가가 하락하는 눌림목이 발생할 때가 바로 매수 시점이다. 이평선이 정배열로 전환되는 시점에 매수 시기를 놓치거나 추가 매수를 원한다면 눌림목 구간을 잘 살펴봐야 한다.

◆ 씨젠 차트

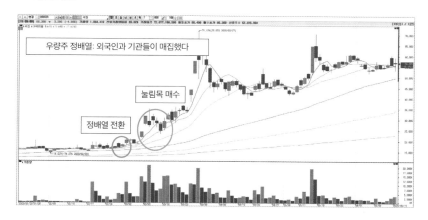

우량주 정배열: 외국인과 기관들이 매집했다

눌림목 매수

정배열 전환

④ 이동평균선이 역배열로 만들어질 때 매도하라

역배열은 이동평균선이 240일, 120일, 60일, 20일, 5일 순서대로 배열되는 것을 말한다. 5일 이동평균선이 고점에서 쌍봉을 찍고 하락하면서 20일선을 뚫고 내려갈 때 역배열이 형성되는데 매도 관점으로 보고 대응해야 한다. 이동평균선이 역배열로 전환될 때 빠르게 매도하여 손실을 최소화하는 것이 중요하다.

◆ 서원 차트

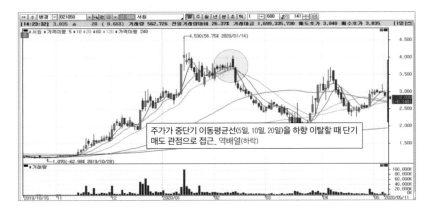

주가가 중단기 이동평균선(5일, 10일, 20일)을 하향 이탈할 때 단기 매도 관점으로 접근_ 역배열(하락)

◆ 신라젠 차트

주가가 중장기 이동평균선(60일, 120일, 240일, 480일)을 하향 이탈할 때 장기 매도 관점으로 접근_ 역배열(하락)

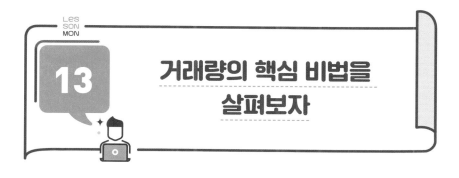

거래량은 주식시장에서 매매된 주식의 수량을 말한다. 거래량 안에는 미래의 주가 방향성과 매수·매도 타이밍을 알려주는 귀한 정보들이 담겨 있다. 간혹 거래량 분석을 등한시하는 사람들을 볼 수 있다. 실전매매에서 거래량 분석만큼 유용한 것은 찾아보기 어렵다.

주식 격언에 따르면 "거래량은 실체이고 주가는 그림자"라는 말이 있다. 주가가 움직이기 전에 거래량이 움직이고 그 뒤에 주가가 그림자처럼 따라가게 된다. 거래량을 통하여 주가의 앞날을 충분히 예상할 수 있다.

아파트를 분양 받기 위해 모델하우스에 방문하는 사람들을 생각해보자. 위치가 좋고 유명한 브랜드에 가격까지 괜찮다면, 향후 아파트 가격이 상승할 것으로 예상된다면 분양을 받기 위해 많은 사람이 몰릴 것이다. 분양 받는 아파트에 관심이 높아질수록 사람들은 인산인해를 이루며 북적일 것이다. 반대로 투자 가치가 낮아 앞으로 아파트 가격이 상승하기 어렵다고 예상된다면 모델하우스는 사람들로 붐비지 않을 것이다. 관심이 적으니 자연스럽게 사람들의 발길이 끊긴다. 사람들로 붐비는 것은 해당 부동산에 관심이 높다는 것을 의미한다. 향후 분양 시 청약의 인기를 미리 가늠할 수 있다.

주식시장도 마찬가지다. 특정 종목에 거래량이 증가한다는 것은 사람들의 관심이 높아지고 있다는 것을 보여준다. 아파트 모델하우스에 사람들이 붐빌수록 향후 아파트 청약 경쟁 역시 커진다. 이처럼 특정 종목에 거래량이 증가할수록 일반적으로 주식 가격은 상승한다. 주가가 꾸준히 오르면서 거래량도 함께 증가한다면 그 종목이 여전히 상승추세에 있다는 것을 알 수 있다.

반대로 거래량이 점차 감소하는 추세라면 주의해야 한다. 이미 주식 가격이 많이 오른 상태라고 한다면 높은 가격으로 인하여 매수를 꺼릴 것이고, 그로 인하여 거래량이 점차 감소한다. 신규 매수자가 줄어든다면 주식 상승세는 멈출 수밖에 없다. 따라서 거래량의 변화만으로도 주가의 앞날을 높은 확률로 예측할 수 있다.

거래량 투자 방법

① 장기간 바닥을 다진 주식의 거래량이 대량 또는 점진적으로 증가할 때

주가가 장기간 하락하면서 마지막 매도 물량이 터지고 그 후 대량의 거래량이 터지면서 주가가 급등하는 경우 매수 신호로 보아야 한다. 또한 바닥을 오랫동안 횡보한 주식의 거래량이 점차 증가하면서 주가가 상승하는 경우도 매수 신호로 볼 수 있다.

② 눌림목에 매수하라

주가가 장기간 하락하거나 바닥권을 횡보하다가 어느 순간 대량 거래가 터지면서 주가가 상승하기 시작한다면 세력이 매집했을 가능성이 있으므로 1차적으로 관심을 두고 지켜봐야 한다. 대량 거래가 발생한 후에 거래량이 감소하는데도 주가가 큰 폭으로 하락하거나 밀리지 않는다면 본격적으로 매수를 준비하여야 한다.

◆ 대창 주식 차트

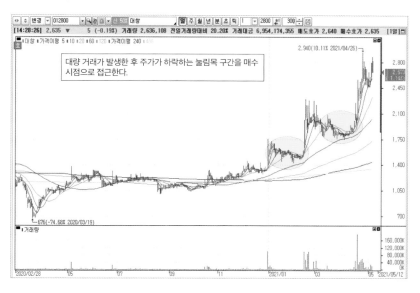

대량 거래가 발생한 후 주가가 하락하는 눌림목 구간을 매수 시점으로 접근한다.

③ 대량의 거래량과 함께 5일 이동평균선이 20일 이동평균선을 상향 돌파할 때 매수하라

대량의 거래량을 동반하면서 5일 이동평균선이 20일 이동평균선을 상향 돌파하는 시점이 바로 매수신호다. 또한 주가 하락이 지속되면서 이동평균선이 장기간 역배열 상태를 유지하다가 골든크로스가 발생한 것이라면 큰 시세의 반등을 예상할 수 있다. 5일 이동평균선 또는 20일 이동평균선에 일일 거래량이 근접하게 채우거나 상회하는 경우에는 주가가 지속적으로 상승하기 쉽고 당일 거래량이 이동평균선을 하회하기 시작하면 주가가 단기적으로 하락할 가능성이 높다.

④ 뉴스에 매도하라

주가가 거래량 증가를 동반하며 상승을 지속하다가 뉴스를 통한 대형 호재가 발표되는 날을 기점으로 대량 매물이 출몰하여 주가가 급락하는 경우가 있다. 이는 주가 상투의 모습이고 세력들이 물량을 털어내는 전형적인 방법이기도 하다.

⑤ 전저점을 이탈하며 주가 하락과 함께 거래량이 증가할 경우에 매도하라

전저점을 돌파 후 주가 하락과 함께 거래량이 증가하는 것은 매도세가 강하다는 것을 의미하므로 매도 신호로 보아야 한다.

분할매수와 분할매도를 활용하라

분할매수와 분할매도는 천천히 물량을 나눠서 매수하거나 매도하는 것을 의미한다. 분할매수와 분할매도의 최대 장점은 심리적인 안정감을 얻을 수 있다는 것이다. 많은 사람이 최대한 저점에서 매수하고 고점에 매도하고자 노력한다. 하지만 아쉽게도 주가의 최저점과 최고점을 파악할 수 있는 사람은 거의 없다. 그만큼 꼭지와 바닥은 파악하기 쉽지 않다. 주식 가격이 저렴하게 느껴져 단 번에 매수하면 안 된다. 매수 후에 주가가 계속 하락한다면 심리적으로 큰 고통을 겪을 수 있다.

반대로 주식 가격이 비싸게 느껴지더라도 한 번에 매도하여 물량을 처리해서는 안 된다. 주가가 앞으로도 꾸준히 상승할 수 있기 때문이다. 분할매수, 분할매도는 수익을 극대화하는 전략은 아니지만 손실을 최소화하여 안정적인 투자를 가능하게 한다. 또한 심리적인 안정감을 바탕으로 투자에 임할 수 있도록 도와준다. 주식을 한 번에 전부 매수하거나 매도하는 행동은 대게 욕심으로부터 비롯되는 경우가 많다.

Q 주식투자에서 기본적 분석과 기술적 분석이 실패하는 이유는 무엇일까요?

A 주식투자의 양대 근간을 이루는 투자 방법으로 기본적 분석과 기술적 분석이 있습니다. 투자 방법마다 실패하는 이유도 차이가 있습니다. 기본적 분석의 경우 주가는 기업의 본질 가치 즉, 내재 가치에 수렴한다는 것을 전제로 합니다. 주가가 주식의 가치를 기반으로 움직인다는 것은 오랜 기간 입증된 사실입니다. 기업의 가치가 높아질수록 주가도 상승하게 됩니다.

기본적 분석을 이용할 때 실패하는 주요 이유는 다음과 같습니다.

첫 번째는 미래에 시장이 주목(기대)할 만한 것이 전혀 없는 기업을 선택하기 때문입니다. 주식시장에는 재무구조가 훌륭하고 높은 이익을 창출하는 기업이 많이 있습니다. 하지만 주가는 여전히 바닥에서 올라가지 못하는 경우가 많습니다. 그 이유는 시장의 주목을 받지 못하기 때문입니다. 영국의 경제학자 케인스는 주식시장을 미인대회에 비유했습니다. 자신이 생각하는 미인을 선택하는 것이 아니라 남들이 미인이라고 생각할 만한 사람을 선택해야 한다고 강조합니다. 현재는 모든 사람의 눈에 감춰져 있지만 향후 미인으로 불릴 만한 촉매가 있는 기업을 선정해야 합니다. 아무리 좋은 기업이어도 시장이 주목하지 않는다면 매수세가 따라붙지 않습니다. 주가는 바닥에서 오르지 않고 머무르게 됩니다. 자신의 눈에만 좋아 보이는 기업을 선택하면 시장을 무시하는 오류를 범하게 되고 실패할 확률이 높아집니다. 지금은 사람들의 주목을 받지 못하고 있지만 향후 시장이 주목할 만한 분명한 이유를 갖고 있는 기업을 골라야 합니다. 시장에 대한 연구를 하다 보면 주목받는 종목들의 특징을 알 수 있습니다.

두 번째는 충분한 시간을 갖고 기다리지 못하기 때문입니다. 기본적 분석을 이용할 때 실패하는 가장 큰 이유는 가치분석을 제대로 하지 못해서가 아닙니다. 우리는 증권방송 같은 다양한 매체 및 주변 사람들을 통해서 "주식이 저평가되었다"라는 이야기를 자주 듣습니다. 하지만 실제로 주식투자를 하다 보면 저평가된 종목을 가지고도 어떤 사람은 수익을 내고 어떤 사람은 손실을 보는 것을 알 수 있습니다. 그 이유는 가치가 반영될 때까지 참고 인내하지 못하기 때문입니다. 투자를 하는 사람이라면 누구나 공감하는 이야기일 겁니다. 누구나 알지만 실천하기 어렵습니다. 쉬워 보이지만 가장 어렵고 힘든 일입니다.

기술적 분석을 이용할 때 실패하는 주요 이유는 다음과 같습니다.

첫 번째는 기술적 분석을 맹신하기 때문입니다. 기술적 분석의 성공 확률은 7할 정도 된다고 생각합니다. 다수의 투자가 실패할 확률이 높습니다. 차트를 역이용하는 세력들도 존재하며 이런 경우의 기술적 분석의 성공확률은 더 낮아질 수 있습니다. 의도적으로 차트를 깨트리면서 매도할 수밖에 없도록 만들기도 합니다. 매수도 마찬가지입니다. 또한 기업에 대한 분석 없이 차트만을 분석하다 보면 좋은 기업을 놓치기도 합니다. 차트에 대한 부분을 공식처럼 맹신하지 말고 유연성을 갖는 것이 필요합니다.

기본적 분석을 동시에 고려할 때 투자의 성공확률을 높일 수 있습니다.

두 번째는 매매 원칙을 정립하지 못하기 때문입니다. 기술적 분석으로 투자에 성공하려면 실전 매매를 경험하면서 시행착오를 통하여 자신에게 맞는 매매 원칙을 만들어야 합니다. 성공 확률이 높은 매매 기법을 갈고 닦는 것이 필요합니다. 투자에 성공하려면 오랜 경험을 통하여 자신만의 원칙을 만드는 것은 반드시 필요한 사항입니다. 매매 원칙을 만들 수 없다면 기술적 분석으로 지속적인 성공을 거두기는 어렵습니다. 그러나 매매 원칙을 정립한 투자자라도 실패할 수 있습니다. 자신의 욕심 즉, 감정을 통제하지 못하기 때문입니다. 감정이 이성을 앞서게 되면 정 상적으로 사고할 수 없습니다. 이런 경우에는 원칙대로 매매하지 않고 순간순간 끌리는 감정대로 행동하게 됩니다. 특히 기술적 분석은 기본적 분석보다 잦은 매매를 반복함으로써 빈번하게 의사결정을 하는 경우가 많습니다. 이때 감정을 제대로 컨트롤하는 것이 무엇보다도 중요합니다. 원칙을 온전히 실행하기 위해서는 그것을 수행하는 사람이 흔들리지 않고 지켜 나가는 노력이 필요합니다. 특히 주식으로 수익을 잃었을 때 만회하기 위해서 성급하게 투자하면 손실이 눈덩이처럼 커질 수 있음을 유념해야 합니다.

Q 넥스트 텐배거는 어디서 나올 것이라고 예상하나요?

A 여러 유망한 분야 중에 주목하고 있는 산업은 메타버스입니다. 향후 텐배거는 메타버스 산업 및 XR(확장현실) 같은 관련 분야에서 다수 탄생할 것으로 생각합니다. 메타버스란 '가상', '초월' 등을 뜻하는 영어 단어 '메타^Meta'와 우주를 뜻하는 '유니버스^Universe'의 합성어로 현실 세계와 같은 사회·경제·문화 활동이 이뤄지는 3차원의 가상 세계를 말합니다. 최근 메타버스 플랫폼을 무대 삼아 신곡을 발표하고 콘서트를 여는 가수들이 등장하였고, 입학식과 신입사원 O.T를 메타버스 플랫폼에서 진행했던 곳도 있었습니다. 메타버스는 어떠한 제약 없이 사람들을 자유롭게 만날 수 있을 뿐만 아니라 가상공간에서 현실과 같은 동일한 느낌을 받을 수 있도록 발전하고 있습니다.

◆ 게임과 메타버스의 범위

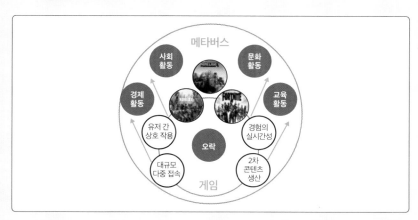

메타버스 산업이 성장하면서 핵심 기술이 되는 VR(가상현실), AR(증강현실), MR(혼합현실), XR(확장현실) 등의 기술이 급속하게 발전하고 있는 상황입니다. 관련 기술을 활용한 메타버스 플랫폼들이 각광을 받으면서 해당 기업들이 폭발적으로 성장하고 있습니다. 현재 대표적인 메타버스 플랫폼은 마인크래프트, 로블록스, 제페토, 호라이즌 등이 있습니다. 로블록스의 월간 활성 이용자 수는 1억 5000만 명에 육박하고, 제페토의 누적 가입자 수는 2018년 출시 이후 2억 명을 초과한 상황입니다. 이러한 가상플랫폼에서 다른 사람들과 의사소통을 하고 쇼핑과 콘서트 감상을 하는 등 실제 세계에서 겪는 듯한 경험을 제공하며 인기가 상승하고 있습니다. 코로나19로 인하여 현실 생활의 활동이 단절된 시점에서 3D 가상공간에 대한 수요는 지속적으로 증가할 것으로 보입니다.

◆ 메타버스 관련 시장 규모

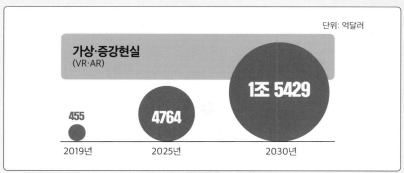

단위: 억달러

가상·증강현실
(VR·AR)

455
2019년

4764
2025년

1조 5429
2030년

자료: PwC

로봇 분야에서도 텐배거 종목들이 다수 탄생할 것이라고 생각합니다. 인공지능[AI], 반도체/센서 기술, 5G 초고속 통신 등의 발달로 인하여 과거에는 적용할 수 없었던 분야에서 쓰임이 가속화되고 있습니다. 국제로봇연맹[IFR]를 비롯한 글로벌 로봇협회들은 전 세계 로봇 시장이 장기간 고성장을 지속할 것으로 전망하고 있습니다. 로봇산업은 크게 제조용 로봇과 서비스용 로봇으로 나뉘는데 전 분야가 고루 성장세를 보이고 있습니다.

일본의 후지경제는 산업용 로봇 시장이 2019년 1조 174억 엔(한화 약 10조 9180억 원)에서 2025년 2조 2727억 엔(약 24조 3889억 원)으로 향후 6년간 연평균 14.3%의 성장을 기록할 것으로 전망했습니다.

◆ 세계 산업용 로봇 시장 예측

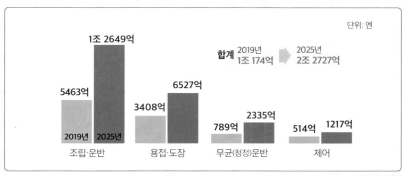

자료: 후지경제

국제로봇연맹[IFR]의 의하면 서비스용 로봇 시장은 2019년 112억 달러(약 12조 4992억 원)에서 2023년 277억 달러(약 30조 9132억 원)로 향후 4년간

연평균 25.4%의 성장을 기록할 것으로 전망했습니다.

◆ 세계 서비스 로봇 시장 예측

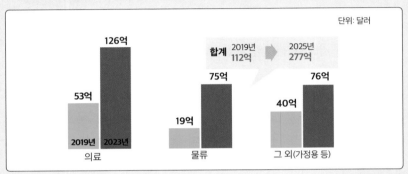

단위: 달러

	의료	물류	그 외(가정용 등)

126억
53억
2019년 2023년

합계 2019년 112억 ➡ 2025년 277억

75억
19억

76억
40억

자료: 국제로봇연맹(IFR)

　　서비스 로봇으로 분류되는 물류 자동화 로봇은 향후 5년간 연평균 42%로 성장률로 매우 가파른 성장을 예상합니다. 코로나19로 인하여 전자상거래 시장이 빠르게 성장하면서 물류로봇의 소비가 급격히 증가하였습니다. 세계 1위 전자상거래 기업인 아마존은 이미 미국과 일본의 물류센터에서 자율주행 로봇을 통한 배송작업을 활발히 진행하고 있습니다. 물류업계는 핵심 경쟁력인 효율적인 물류전략을 구축하기 위하여 자동화 로봇, 성비 등에 투자를 적극적으로 늘리고 있습니다.

　　인공지능이 발전할수록 필연적으로 로봇산업도 발전하게 됩니다. 로봇의 성능이 향상되면서 로봇이 할 수 있는 분야가 확장될 뿐만 아니라 유용성이 증가하기 때문입니다. 인공지능은 세계적으로 가장 각광받는 분야로 막대한 투자가 이뤄지고 있으며 이에 따라 로봇 산업도 강력한 수혜를 받을 것으로 보입니다.

　노동시간의 변화로 인하여 국내 로봇산업의 성장은 더욱 부각될 것입니다. 한국은 노동시간을 주 최대 68시간에서 52시간으로 감축하는 '52시간제' 도입 이후에 노동환경이 빠르게 변화하고 있습니다. 또한 최저임금이 가파르게 상승하면서 로봇에 대한 수요가 꾸준히 증가하고 있고 향후 이러한 이 외에도 유망한 산업은 무수히 많습니다.

◆ 고급 산업용 로봇 도입에 따른 인건비 절감률

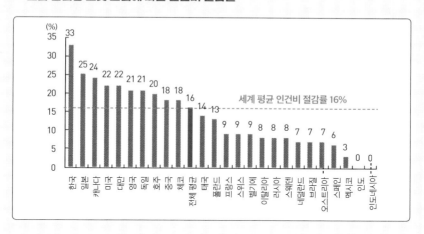

　사이버보안 산업도 주목할 필요가 있습니다. 현재 사이버보안은 글로벌 핵심 화두로 떠오르고 있습니다. 정부는 2021년 12월 22일 국가가 집중적으로 육성해야 할 필수 전략 기술 10개 중 하나로 사이버보안을 지정했습

니다. 현재 우리나라의 기술 수준은 각 분야의 최고 기술력을 보유한 국가들에 비하여 60~90%에 머무르고 있습니다. 정부는 2030년까지 각 분야의 기술 수준을 90%까지 달성하는 것을 목표로 선언했습니다. 정부는 미국, 유럽, 중국, 일본 등 선진국과의 패권 경쟁에서 승리하기 위하여 총력을 기울일 것으로 예상됩니다.

세계경제포럼은[WEF] 향후 10년간 세계를 직면하게 될 10대 위험 중 하나로 "사이버보안 실패"를 선정했습니다. 세계경제포럼은[WEF]의 최근 보고서에 따르면 "매일 여러 건의 사이버 공격이 일어나고 있으며 병원과 학교들은 이제 랜섬웨어 공격에 대응할 준비를 해야 한다"고 강조했습니다. 지난 5월에는 미국 바이든 대통령이 연방정부 기관들의 사이버보안 강화에 초점을 둔 행정명령을 발표한 바 있습니다. 또한 바이든 행정부는 사이버 공격 대응을 위한 연방 IT 현대화에 100억 달러(약 11조 9000억 원)의 예산을 편성했습니다. 세계적으로 사이버보안 위협이 빠르게 증가하고 있습니다. 이에 세계 각국은 사이버보안 전략을 수립하여 적극적으로 사이버 공격에 대응하고 있습니다.

◆ **WEF 2021: 인류가 마주할 가장 큰 위협**

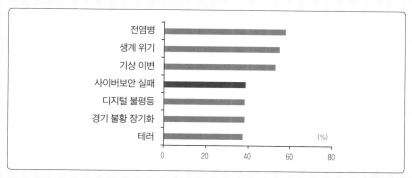

자료: WEF2021, 신한금융투자

코로나19 팬데믹으로 인하여 디지털 경제가 빠르게 활성화되면서 사이버 범죄도 증가하고 있습니다. 한국인터넷진흥원^{KISA}는 "비대면 등 디지털 경제에 진입하면서 국경을 초월한 동시다발적 사이버 공격들이 늘고 있다"고 언급했습니다. 디지털 전환에 따른 비대면 문화 확산에 따라서 블록체인, 메타버스, 마이데이터 등 새로운 기술과 서비스를 대상으로 사이버보안 위협이 증가할 것으로 예상하고 있습니다. 최근 유명 메타버스 플랫폼인 '로블록스^{Roblox}'에서는 계정 해킹뿐만 아니라 선정적인 이미지와 인종차별적 메시지가 노출되는 등 각종 불법 행위가 발생한 바 있습니다. 재택

근무가 활성화되면서 업무 협업 툴을 타깃으로 서버 또는 PC를 통한 중요 정보를 탈취하는 해킹 공격 또한 증가할 것으로 예상이 됩니다. 사용자 인증, 네트워크 보안, 데이터 암호 등과 같은 보완 대책을 마련하는 것이 중요해지고 있습니다.

세계 4대 글로벌 회계법인 PwC '2022년 글로벌 디지털 트러스트 인사이트' 보고서에 따르면 응답한 기업 가운데 69%는 사이버보안 관련해서 지출이 증가할 것으로 전망했습니다. 미국의 시장조사 및 컨설팅 회사인 가트너는 2022년 정보 보안 및 위험 관리 지출 총액이 1720억 달러(2020년 1370억 달러, 2021년 1550억 달러)로 증가할 것으로 예상했습니다. 사이버보안 관련 지출은 매년 가파르게 성장할 것으로 보입니다.

국내 정보보호산업의 시장 규모 및 인력도 빠르게 증가하고 있습니다. 정보보호산업 매출은 2018년 10조 1000억 원에서 2020년 11조 9000억 원으로 연평균 8.5% 증가했습니다. 정보보호산업 인력은 2018년 4만 4,029명에서 2020년 5만 4,101명으로 연평균 10.8% 증가하였습니다. 사이버보안산업에서 다수의 투자 기회를 발견할 수 있을 것으로 생각됩니다. 이 외에도 유망한 산업은 무수히 많습니다. AI, 빅데이터, 자율주행차, 우주항공, 양자컴퓨터 면역항암, 줄기세포, 이종장기 등의 다양한 분야에 관심을 갖고 지켜봐야만 합니다.

과거부터 지금까지 성장하는 산업에서 다수의 텐배거 종목이 탄생해왔습니다. 씨앗을 땅에 심고 열매를 거두기까지 많은 노력과 기다림의 시간이 반드시 필요합니다. 씨앗이 자라기 위해서는 때마다 물을 주고 적절한 햇빛을 공급해주어야만 합니다. 또한 잘 자랄 수 있게 잡초도 제거해줘야만 합니다. 주식도 마찬가지입니다. 평소 꾸준히 산업에 관하여 공부하면서 유망한 종목을 발굴하는 연습을 반복하고 기업이 성장하기까지 인내하는 시간이 필요합니다. 이를 통해서 텐배거 종목을 발굴할 수 있습니다.

◆ 사이버 범죄로 인한 경제적 피해 규모

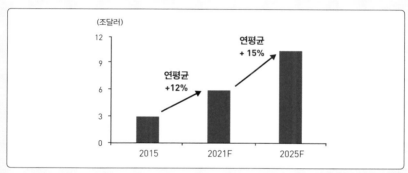

자료: Cybersecurity Ventures, 신한금융투자

◆ 글로벌 사이버보안 지출 전망

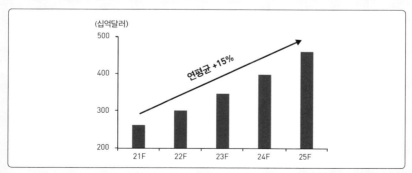

자료: Cybersecurity Ventures, 신한금융투자

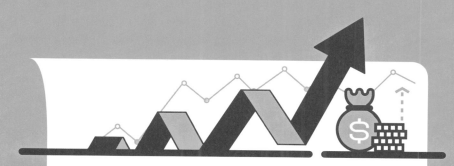

7장

투자는 심리전,
마음을 다스릴 줄
알아야
돈을 번다!

LES SON
MON

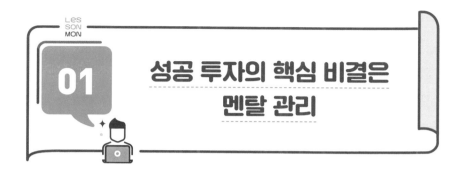

성공 투자의 핵심 비결은 멘탈 관리

투자 대가들은 예외 없이 한 가지 공통점을 가지고 있다. 멘탈 관리를 잘한다는 것이다. 필자가 주식투자에서 가장 강조하는 부분이 바로 멘탈 관리다. 다른 말로 마음을 다스리는 능력이라고 한다. 주식투자의 성패는 멘탈 관리에 달려있다고 해도 과언이 아니다.

많은 사람이 성공적인 주식투자를 위해 기업 분석을 잘해야 한다고 강조한다. 맞는 말이다. 기업을 분석할 수 없다면 수익을 내기 어렵다. 그 외에 투자에서 많은 수익을 내기 위해 차트분석, 재료분석 등 다양한 방법을 이용한다. 모든 방법을 자유자재로 사용할 수 있다고 해도 멘탈을 관리할 수 없다면 꾸준히 수익을 내기 어렵다. 사업을 하기 위해 관련 지식을 쌓고 회사에서 다양한 실무를 경험했다고 해도 사업을 추진할 실행력과 어떤 상황에서도 꿋꿋하게 견뎌낼 수 있는 인내심이 없다면 사업에 성공할 수 없는 원리와 같다.

강인한 멘탈이라고 하면 운동선수가 가진 강한 정신력과 같은 요소를 떠올리곤 한다. 하지만 주식시장에서 성공하기 위한 멘탈 관리에는 앞에서 말한 것과 다른 점이 있다. 투자에 필요한 멘탈을 얻기 위해서는 시장의 원리를 아는 것이 선행되어야 한다. 무작정 견디고 버틴다고 해서 멘탈 관리를 잘하는 것은 아니다.

멘탈을 관리할 때 중요한 3요소

첫째, 멘탈 관리는 지속적으로 개발하고 훈련해야 한다.

멘탈은 근육과 같아서 훈련을 거듭할수록 강해질 수 있다. 투자하면서 멘탈 관리를 제대로 하지 못해서 손실을 본 경험이 있을 것이다. 과거 경험을 복기하는 것은 멘탈을 관리할 수 있는 방법을 터득하게 해준다. 우리는 주식을 하면서 다음과 같은 일을 자주 경험한다. 주식을 팔고 나서 그때부터 주가가 오르기 시작한다. 주식은 흔히 엉덩이로 번다고 한다. 맞는 말이다.

대부분 투자자들이 주식투자에서 수익을 거두지 못하는 이유는 인내심이 부족하기 때문이다. 엉덩이로 돈을 번다는 사실을 기억하자. 수익이 날 때까지 인내해야 한다. 이러한 과정을 통해 작은 성공을 여러 번 반복하다 보면 주식투자에서 수익을 얻는 원리를 알게 되고 자연스럽게 인내심이 강해진다.

둘째, 주식시장에서 타인의 성공이 나에게 영향을 주지 않도록 해야 한다.

주위를 둘러보면 주식시장에서 큰돈을 벌었다는 얘기를 심심찮게 들을 수 있다. 계속 손해를 입는 자신을 보고 있노라면 가슴이 답답하고 괴로울 것이다. 성공한 투자자와 자신을 비교하다 보면 심적으로 큰 스트레스를 받을 수밖에 없다. 이런 스트레스를 푸는 방법은 없다. 만약 질투라는 감정에 이끌려 보유한 종목을 갑자기 매도하여 새로운 종목을 매수한다면 큰 수익을 얻기는 더더욱 어렵다. 질투를 느끼는 마음은 자연스러운 일이다. 하지만 이러한 감정 때문에 감정적인 마음으로 움직인다면 남은 돈까지 모두 잃게 된다. 이러한 감정이 스스로를 움직이지 못하게 마음을 통제해야 한다.

셋째, 주식투자의 본질적인 특성을 알아야 한다.

주식시장은 대중의 심리에 의하여 움직인다. 한 개인이 주식시장을 통제하거나 움직일 수 없다. 주식시장이 스스로 움직이기 시작할 때 비로소 수익을 얻을 수 있다. 시장에서 수익을 내기 위해서는 돈이 스스로 일하도록 주도권을 내려놓아야 한다. 시장이 움직일 때까지 기다려야 한다는 것이다.

주식시장은 조급한 사람, 스스로 무엇인가를 해야만 하는 사람에게 돈을 빼앗아서 스스로 무력함을 인정하고 인내심을 갖고 기다리는 투자자에게 수익을 안겨준다. 주식시장이 스스로 움직일 때까지 충분히 기다리기 위해서는 내가 통제할 수 없음을 깨닫고 나의 손을 벗어나 있음을 알아야 한다. 그래야만 꼭 움켜쥐고 있는 손을 쫙 펴서 내려놓을 수 있다.

이러한 사실을 알지 못한다면 주도권을 손에 쥐고 있다고 믿고 여전히 분주하게 기다리지 못하고 매수하거나 매도하는 자신을 보게 된다. 주도권이 내 손에 달려있다고 믿는 한 투자를 열심히 하면 할수록 잃게 된다. 주식시장의 특성을 기억해야만 한다.

시장에서 흔들리지 않게 마음을 다스리는 4가지 방법

첫째, 자신에게 맞는 투자법을 선택하고 그에 맞는 전략으로 대응해야 한다.

하루 이틀 만에 보유했던 주식을 파는 단기투자자들은 수익과 손절의 원칙을 명확하게 설정하고 따라야 한다. 그러한 원칙이 없다면 단기투자에서 마음을 다스리기 어렵다. 투자 방법마다 고유한 특성이 있기 때문에 그에 맞는 방법을 선택해야 한다. 장기투자를 하더라도 마찬가지다. 주식을 오래 보유하기 위해서는 충분한 기준이 있어야 한다. 기업의 실적이 장기적으로 하락하는 추세로 접어들었다면 매도를 통하여 손실을 최소화해야 한다. 주가가 내려가는 순간 마음을 다잡고 꾸준히 버틴다고 멘탈관리를 잘하는 것이 아니다. 합당한 근거를 바탕으로 투자 방법에 적합한 매수·매도 원칙을 숙지할 때, 자신에게 맞는 투자법을 선택할 때 심리적으로 흔들리지 않는 투자를 할 수 있다.

둘째, 기업에 대한 확신을 가질 때까지 공부하고 연구해야 한다.

확신 없이 하는 투자는 실패할 가능성이 높다. 기업에 대한 확신을 갖지 못한 채 투자한다면 단기적인 주가 변동에도 주식을 팔게 된다. 확신을 갖지 못한다는 것은 기업에 대해 제대로 알지 못하거나 확실한 투자 포인트를 찾아내지 못했기 때문이다. 최선을 다해서 공부하고 연구해도 확신을 가질 수 없는 기업은 자신의 역량 밖의 범위에 있음을 인정하고 다른 기업을 찾아야 한다. 개인의 역량마다 장점이 다르기 때문에 모든 기업에 대해 알 필요는 없다. 소수의 기업만 제대로 알아도 큰 수익을 얻을 수 있다.

셋째, 지수나 주가가 과열 국면인지 침체 국면인지 파악해야 한다.

시장이 극도로 침체되어 있고, 개별 주식이 소외되어 있을 때가 가장 안전한 매수 시점이다. 낮은 가격에 주식을 매수할 때는 안전마진이 보장되기 때문에 멘탈을 관리하기 쉽다. 시장에서 주목하기 시작하면 주가는 이미 상승해 있는 경우가 많다. 시장 또는 주가가 과열된 상태에서 매집을 하고 높은 주가 등락이 반복하여 불안이 가중된다. 침체국면에서 주식을 매수해야 편안하게 보유할 수 있다. 차트 분석을 통해서 과열 국면인지 침체 국면인지 파악할 수 있다.

넷째, 반대 포지션의 입장에서 생각해야 한다.

반대 포지션의 입장을 생각한다는 것은 넓은 시각으로 다양한 가능성을 살펴본다는 것이다. 보통 주식을 매수할 때 상승할 것이라고 생각하고 매수한다. 하지만 주식은 우리의 바람과는 반대로 하락하는 경우가 있다. 주식이 상승하고 하락하는 것에는 이유가 있다. 아무 이유 없이 상승하고 하락을 거듭하는 것은 아니다. 현재 주식 상태를 파악하고 어떤 경우에 주가가 오를 수 있는지, 하락할 수 있는지 파악할 수 있어야 한다.

균형 잡힌 시각을 갖는 데 큰 도움이 되는 것이 있다. 매도할 때 일부만 매도를 해보자. 투자자 대부분은 주식을 매수하면 상승할 수밖에 없는 이유에만 집중하고 매도할 때는 주식이 하락할 수밖에 없는 이유에만 집중한다. 이는 시장의 변화를 감지하기 어렵게 만들고 자신이 보고자 하는 방향으로만 주식을 바라보게 된다. 자신이 취한 포지션과 반대의 방향으로 소유한 주식의 일부를 매매한다면 반대의 요인들을 생각하게 되고 균형 잡힌 시야를 가질 수 있다. 스스로 리스크를 통제할 수 있게 될 때 멘탈을 안정적으로 관리할 수 있다.

멘탈을 위한 자기 관리

필자는 항상 아침 6시 30분에 기상한다. 경제TV를 시청하고 신문을 읽는다. 그러고 나서 아침 운동으로 수영을 한다. 나는 시간을 효율적으로 사용할 줄 알아야만 성공할 수 있다고 생각한다. 이를 실천하기 위해서 회사는 집과 가까운 곳으로 자리를 잡았다. 출근 시간을 절약하기 위해서다. 출근하는데 걸리는 시간을 5분 내외로 하면 시간을 절약하여 업무에 더 집중할 수 있다. 투자 역량을 키우기 위해 관련 서적을 틈틈이 읽고 있다. 또한 시장의 변화에 대응하고자 유튜브를 통하여 각 분야 전문가들의 영상을 꾸준히 시청한다.

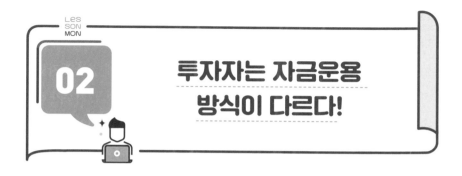

주식과 현금 비중 관리

현금 비중을 관리하는 것은 매우 중요하다. 현금 비중을 조절함으로써 욕심을 통제하고 감당할 수 있는 수준으로 리스크를 조절할 수 있다. 특히 주식을 처음 시작하여 큰 수익을 얻게 된 사람들은 큰 위험에 노출될 가능성이 높다. 상승장이 지속되면 누구나 수익을 얻게 되는데 시장이 벌어준 수익을 자신의 실력이라 착각하게 된다. 과도한 레버리지를 사용하여 주식을 매수할 위험이 있다. 시장에서 전반적으로 상승이 지속되면서 주가 하락에 대한 두려움은 사라진다. 하락장은 징조를 보이면서 찾아온다. 하지만 욕심에 눈이 멀면 그러한 징조를 무시한다. 본격적인 하락장이 찾아왔을 때 과거의 수익을 모두 잃어버림과 동시에 원금까지 막대한 손실을 입는다.

과거에 나는 레버리지를 사용했음에도 운이 좋아서 큰 손실을 경험하지 않았다. 게다가 투자 초기에는 한 종목에 거의 올인하는 식으로 투자했었다. 현금은 거의 보유하지 않았다. 적은 자금으로 최대의 수익을 내기 위하여 선택한 방법이었다. 일정 금액이 넘어선 뒤로 소수 종목에 집중 투자했다. 소수 종목에 투자하는 만큼 더 철저하게 공부하고 분석했다. 지수가 하락해도 오를 수 있는 종목을 집중적으로 발굴하기 위해 노력했다. 수익을 높이면서 리스크를 줄이는 방법은 탁월한 종목을 선별하는 것뿐이다. 이러한 방법으로 투자하면서 적은 손실을 본 경우는 여러 번 있지만 운 좋게도 큰 손실을 본 경험은 없다. 이 당시에도 거의 모든 자금을 주식에 투자했다. 투자금액이 대규모로 증가한 이후부터 수십 개 이상의 종목에 분산하여 투자했다.

최근 들어 적정 수준의 현금 비중을 유지하고 있다. 현금 비중은 지수가 침체 국면인지 과열 국면인지에 따라 조절한다. 코스피가 3000을 돌파하고 과열 신호를 나타내면서 현금 비중을 높였다. 지수가 과열 신호를 보이면 폭락할 가능성이 높아진다. 현금의 비중을 점차 높여가는 것이 좋다. 지수가 폭락하면 대부분의 종목이 하락을 피할 수 없게 되므로 리스크를 줄여가는 것이 필요하다.

슈퍼개미 배진한의 분산투자 전략

투자자가 자금을 운용하는 방식을 살펴보면 투자자의 투자철학과 일치한다. 포트폴리오를 보유하는 방법에는 분산투자의 일환으로 다수의 종목을 보유하거나, 소수의 종목에 집중투자 하거나 혹은 인덱스와 같은 전체 지수에 투자하는 등 다양한 방법으로 포트폴리오를 구성할 수 있다. 자금을 운용하는 방식은 매우 중요하다. 그 이유는 자금을 운용하는 방식에 따라 수익률과 안정성에 두드러진 차이가 발생하기 때문이다.

자금을 운용하는 방식은 크게 두 가지로 집중투자와 분산투자로 나뉜다. 집중투자는 소수의 종목에 비중을 높여 투자하는 방식을 말한다. 때때로 한 종목에 올인하여 투자하기도 한다. 분산투자는 10개 이상의 종목에 분산하거나 또는 수십 개의 종목에 분산하는 경우도 있다. 집중투자는 수익률을 극대화 시킬 수 있는 반면 높은 손실을 낼 수 있다. 분산투자는 수익률이 낮지만 안정성을 높일 수 있다. 일반적으로 수익성을 중시하는 사람은 집중투자를 선호하고 안정성을 중시하는 사람은 분산투자를 선호한다.

하지만 역으로 집중투자의 안정성이 분산투자보다 더 높은 경우가 있고, 집중투자의 수익률이 분산투자보다 더 낮은 경우가 있다는 사실을 상기해볼 필요가 있다. 일반적으로 시장에서 위험을 체계적 위험과 비체계적 위험 두 가지로 나뉜다고 배운다. 체계적 위험systematic risk은 증권시장 전체에 영향을 미치는 위험으로 분산이 불가능하다. 비체계적 위험nonsystematic risk은 개별 종목에 미치는 투자위험으로 분산이 가능하다. 하지만 실제로 분산을 통하여 오히려 위험이 높아지는 경우도 있다. 반대로 집중을 통하여 수익률이 더 낮아지는 경우도 있다. 실제 현실에서 이루어지는 투자를 간단한 예시로 살펴보자.

먼저 집중투자보다 분산투자의 수익률이 높은 경우를 예로 들어보자. A 회사의 수익률이 100%, B 회사의 수익률이 50%, C 회사의 수익률 30%라고 가정해보자. 홍길동이란 사람이 A, B, C에 같은 비중으로 분산투자를 하였고, 김철수란 사람은 B에 집중투자를 하였다. 결과적으로 분산투자한 홍길동의 수익률은 60%((100%+50%+30%)/3)였고, 집중투자한 김철수의 수익률은 50%였다. 오히려 분산투자자의 수익률이 집중투자자보다 더 높았다. 집중투자는 최고의 종목을 선별하는 능력이 무엇보다 가장 중요하다.

이번엔 집중투자의 안정성이 분산투자보다 더 높은 경우를 예로 들어보자. A, B, C라는 세 개의 기업이 있다. A 기업은 재무구조가 매우 탄탄하고 안전하며 예상 수익률이 30%가 예상된다. B 기업의 재무구조는 양호하며 50%의 수익이 예상된다. C 기업의 재무구조는 열악하지만 호재가 예상되어 70%의 수익이 예상된다. 홍길동은 A 기업에 집중투자하여 30%의 수익을 얻었고, 김철수는 A, B, C에 투자하여 50%((30%+50%+70%)/3)의 수익을 얻었다고 가정해보자. 분산투자가 수익률은 더 높았을 지라도 C 회사가 파산하거나, B 회사에 중요한 이슈가 발생했다면 투자금의 상당 부분을 잃게 될 수 있다. 잠재적인 리스크까지 고려했을 때 분산투자보다 집중투자가 안정성이 더 높을 수도 있다. 질적인 측면에 차이가 존재하기 때문이다.

위의 상황은 일부 극단적인 예시를 든 것으로 볼 수 있다. 집중투자와 분산투자가 가지고 있는 본래의 효과를 확연히 드러나게 하기 위해서는 모든 기업이 동일하다고 가정할 수도 있다. 하지만 우리가 실제 주식시장에서 겪는 현실은 다르다. 자신이 정말 사고 싶은 기업들이 있는가 하면 적당한 수준에서 사고 싶은 기업들도 있다. 항상 최고의 종목들로만 선택할 수 없다.

최고의 종목과 일반적인 종목을 어떻게 구성하느냐에 따라 수익성과 안정성이 달라질 수 있다. 투자 비중의 크기를 구성하는 방식에 따라서도 결과는 크게 달라진다.

이것은 실제로 분산투자와 집중투자의 방법론만큼 중요하다. 결론적으로 수익성과 안정성을 결정하는 근본적인 요인에 집중하라는 것이다. 10개 이상의 종목에 분산투자하는 것보다 삼성전자나 네이버 같은 우수한 소수 종목에 투자하는 게 더 안전할 수 있다. 높은 수익성과 안정성을 보유한 포트폴리오를 구성하기 위해 집중 혹은 분산의 원리와 함께 개별종목들이 가지고 있는 질적인 측면에 집중할 필요가 있다. 최고의 종목들을 발견했다면 소수에 집중투자를 하기 권하고, 일반적인 종목들로만 구성되어 있다면 분산투자를 추천한다.

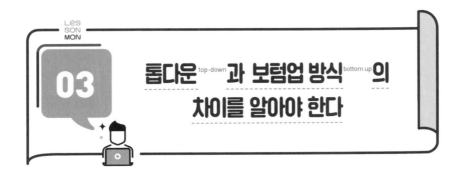

톱다운 top-down 과 보텀업 방식 bottom up 의 차이를 알아야 한다

주식 종목을 선정하는 방법은 크게 톱다운과 보텀업 방식으로 나뉜다. 먼저 톱다운 방식은 거시경제와 산업분석을 통하여 유망산업을 선정한 다음 개별 기업을 발굴하는 것을 말한다. 장점으로 경제와 산업을 먼저 분석한 후 그 안에 속한 기업들을 대상으로 조사하기 때문에 개별 기업을 일일이 분석하는 보텀업 방식보다 시간 소모가 적다. 단점은 개별 기업에 대한 전문성이 다소 떨어질 수 있고, 산업군이 명확하지 않은 독특한 비즈니스 모델을 보유한 개별 기업들을 놓치기 쉽다. 톱다운 방식을 수행하기 위해서는 산업의 전반적인 지식을 공부하고 숙지하는 것이 필요하다.

보텀업 방식은 개별종목을 먼저 분석한 후, 거시경제와 산업을 분석한다. 경제 전반이나 시장 상황에 중점을 두기보다 개별 기업의 재무 상황, 사업모델, 수익성 등 미시적 요인에 초점을 맞추는 투자 방법이다. 보텀업 방식의 장점은 개별 기업에 대하여 정확히 이해할 수 있으며, 기업에 발생하는 리스크를 미리 파악하고 대처하기에 용이하다. 틈새시장에 있는 독점적인 기업들을 발굴하기에 좋다. 단점으로는 시간이 많이 소요된다.

보텀업 방식을 수행하기 위해서는 개별 기업을 분석하려는 노력이 톱다운 방식보다 더 많이 필요하다. 기업분석을 수행하기 위한 지식도 충분히 갖추어야 한다. 재무제표를 통하여 기업이 어떻게 수익을 창출하고 있는지 확인할 수 있어야 한다. 향후 기업의 성장성을 파악하기 위하여 산업전망, 비즈니스모델, 경쟁우위 등을 종합적으로 판단할 수 있어야 한다. 다트(공시정보시스템)를 통해 사업에 관한 상세한 내용을 확인할 수 있으며, 다양한 사이트를 통하여 기업 관련 자료들을 확보할 수 있다. 직장인이라면 현재 재직 중인 회사를 관찰하며 사업을 파악하는 역량을 키울 수 있다. 원재료를 구매하고 인력과 장비를 사용하여 제품 또는 서비스를 생산하고, 연구개발을 통하여 신제품을 출시, 제품을 홍보하고 판매하는 과정등을 두루 살펴봄으로써 최종적으로 기업의 경쟁력과 미래 전망에 대하여 예상해볼 수 있다. 이러한 시각을 배움으로써 다른 기업에도 동일하게 적용할 수 있다.

사업과 관련된 지식은 누구나 쉽게 접할 수 있다. 사업 관련 책이나 동영상을 여러 매체를 통해 접할 수 있다. 회사가 수익을 창출하는 과정을 자세히 들여다보면 자연스럽게 사업에 대한 지식을 습득할 수 있다.

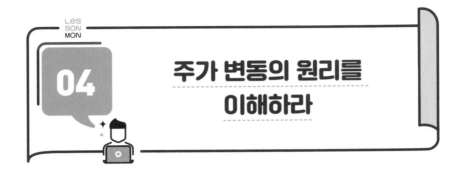

04 주가 변동의 원리를 이해하라

상품의 가격은 수요와 공급의 원리로 정해진다. 공급보다 수요가 많아지면 제품의 가격이 상승하고, 수요보다 공급이 많아지면 제품의 가격은 하락한다. 주식도 마찬가지다. 주식을 매수하려는 사람들이 매도하려는 사람들보다 많아지면 주식가격은 상승한다. 여기서 한 발 나아가 생각해 볼 중요한 사안이 있다. 그것은 주식을 매수하려는 사람들마다 그 목적이 다르다는 것을 기억해야 한다. 매수하는 사람들의 목적을 알 수 있다면 매도하는 방법도 자연스럽게 알 수 있고 주가가 변동하는 이유에 대해서도 파악할 수 있다.

어떤 기업의 주가는 하루에도 5~10%씩 가격이 변동된다. 어떤 기업은 하루에 매우 작은 소폭의 변동만을 보인다. 주식을 접근하는 방식에 따라 변동성의 크기가 달라질 수 있다. 주식투자를 하는 사람들의 유형은 크게 '투자자'와 '트레이더' 두 가지로 분류할 수 있다. 투자자는 일반적으로 기업의 펀더멘탈을 분석 후 가치를 평가하여 주식을 매수한다. 트레이더는 차트를 분석하여 수급, 심리 등의 요인을 통하여 주식의 상승 여부를 예측한 후 주식을 매수한다. 세부적으로 살펴보면 투자자는 기업의 가치보다 주식의 가격이 저평가된 경우에 매수하고, 트레이더는 하락추세에서 상승추세로 전환되는 신호를 발견할 때 매수한다. 투자자는 주식의 가격이 원하는 가치에 도달하거나 펀더멘탈의 하락이 예상되는 경우에 매도하고, 트레이더는 주식 가격이 상승 추세에서 하락으로 전환되는 신호에 매도한다.

일반적으로 트레이더가 투자자보다 거래대금 회전율이 월등히 높다. 트레이더는 차트를 기반으로 단기간에 변하는 인간의 심리를 기반으로 매매하기 때문이다. 인간의 심리라는 것은 하루에도 여러 번 변하고 이로 인해 주가 등락이 심하게 요동친다. 투자자는 거래대금 회수율이 적은 편이다. 기업의 펀더멘탈을 분석하여 가치를 기반으로 투자하기 때문이다. 기업의 가치는 단기간에 쉽게 변하지 않으므로 매매를 적게 할 수밖에 없다.

우리가 매수하는 모든 종목에는 다양한 유형의 투자자들이 참여하고 있다. 주가 등락의 원리를 알기 위해서 먼저 사람을 이해하는 것이 필수다. 트레이더는 주가 변동에 민감하게 반응해야 하지만 투자자는 주가 변동에 무뎌야만 한다. 투자자는 가격이 변동할 때 기업의 가치가 변한 사건이 아니라면 일시적인 변동으로 보고 대처해야 한다. 그렇지 않으면 큰 스트레스를 받거나 부화뇌동하여 보유해야 하는 주식을 반대로 매도한다. 기업의 가치가 장기적으로 꾸준히 상승하고 있음에도 강한 매도세가 출현하여 주가가 하락한다면 투자자에게는 최고의 매수 기회이다.

기업가치와 주가를 설명하는 유명한 우화로써 '앙드레 코스톨라니의 개'가 있다. 그 우화의 이야기는 다음과 같다. 주인이 강아지를 데리고 산책을 나간다. 강아지를 데리고 산책하는 경로는 항상 일정하다. 집에서 출발하여 공원에 들린 다음 다시 집으로 돌아오는 코스다. 주인이 산책하는 동안 강아지는 주인보다 앞서가거나, 나란히 가거나, 때로는 뒤처지기도 한다. 하지만 주인의 경로를 벗어나서 행동하는 법은 없다. 여기서 기업가치가 주인이라면 주가는 강아지다. 주가의 변동성이 아무리 심하더라도 결국 기업의 내재가치로 수렴한다는 교훈을 준다. 강아지가 아무리 멀리 벗어나더라도 주인에게 돌아온다는 사실을 믿는다면 주가가 폭락하는 순간에도 평정심을 유지할 수 있다.

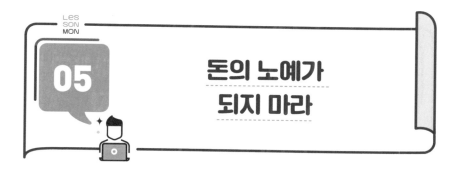

돈의 노예가
되지 마라

대부분의 사람에게 투자 목적을 물어보면 '돈을 버는 것'이라고 말한다. 경제적 자유가 뒷받침되어야 행복할 수 있다고 한다. 맞는 말이다. 돈이 없어서 가정이 무너지는 경우도 존재하며 관계가 깨지는 것도 보았다. 돈이 있어야 원하는 것을 할 수 있고 여유로운 인생을 살아갈 수 있다.

최선을 다해 노력하다 보면 부는 따라오기 마련이다. 인생에서 돈을 추구하는 궁극적인 목적은 행복 때문이다. 하지만 사람들이 돈을 추구하다 보면 어느 순간부터 수단인 돈 자체가 목적이 되는 경우를 많이 봤다. 어떤 사람은 가족의 행복을 위해 최선을 다해 일하기 시작했다. 밤낮과 주말을 가리지 않고 노력한 결과 회사의 중요 임원이 되었지만 그 가족은 불행해진 이야기를 종종 듣게 된다. 주객이 전도된 것이다. 많은 돈을 벌었지만 결국 그것으로 인하여 오히려 전보다 더 힘들게 된 경우가 발생한다. 부를 얻었지만 행복할 수 없다면 그것은 의미가 없다. 인생은 매우 짧다. 안개가 피어나고 걷히는 것처럼 짧은 기간 안에 삶이 지나간다는 사실을 기억해야 한다.

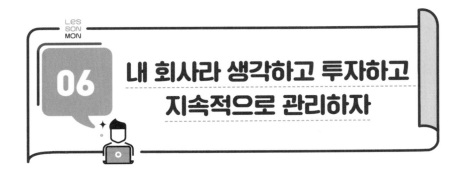

내 회사라 생각하고 투자하고 지속적으로 관리하자

　주식의 본질은 사업이다. 주식을 매수한다는 것은 그 기업을 소유할 수 있는 권리를 사는 것이다. 기업의 동반자가 되는 것이다. 자신이 오너가 되어 결정한다고 생각하며 투자해야 성공 확률을 높일 수 있다. 회사의 대표는 의사결정을 하는 업무를 담당하며, 이러한 의사결정 업무를 수행하기 위해서는 회사의 일거수일투족을 알아야 한다. 그래야만 회사의 운영전략에 대한 올바른 결정을 내릴 수 있다. 회사가 어떠한 경우에 성장하고, 수익성이 증가하며 어려움에 직면하게 되는 지도 파악할 수 있다.

　CEO는 회사가 속한 업황의 변화에 대해서도 누구보다 먼저 파악해야 한다. 투자자는 외부인이기 때문에 회사에서 벌어지는 일들에 대하여 상세히 알기 어렵다. IR을 참석하고 사업보고서를 읽는다고 해도 한계는 존재한다. 하지만 대표이사의 관점으로 해당 회사에 대하여 조사한다면 투자하기에 부족함 없을 정도로 회사의 상황을 파악할 수 있을 것이다. 그러려면 경영 공부가 선행되어야 한다.

대표이사와 같은 관점으로 회사를 파악하는 방법

회사의 대표이사와 같은 수준으로 회사를 알기 위해서는 책임감을 가져야 한다. 이 회사의 생존과 미래에 대하여 책임감을 의도적으로 느껴야 한다. 실제로 회사 경영에 참여할 수 없다고 해도 그러한 마음가짐으로 회사를 바라보아야 회사를 전체적으로 인지하고 파악할 수 있다.

만약 직장인이라면 책임감의 중요성에 대해 깊이 느낄 것이다. 자신이 책임을 맡은 업무에 대해서는 잘 알고 있지만 같은 공간에서 일을 해도 다른 팀 업무에 관련해서 전혀 모르는 경우가 많다. 직원의 관점으로는 어떤 사안에 대하여 지엽적인 부분만 살펴보고 판단하는 경향이 강하여 한계가 분명히 존재한다.

책임감을 갖지 않는다면 어떠한 사안에 대해 제대로 된 지식을 얻을 수 없다. 회사의 모든 업무에 자신이 관여되어 있다고 생각하고 바라보는 것이다. 모든 업무 결과물에 대해 스스로 책임이 있다고 생각하면 업무를 바라보는 시야가 대표이사처럼 넓어질 것이다. 회사에서 이러한 마음을 가지고 생활한다면 일은 고되고 힘들 수 있지만 대표이사와 같은 수준으로 회사를 바라보고 일할 수 있다. 그렇게 될 때 대표이사의 의사결정을 한결 쉽게 이해하고 헤아릴 수 있게 된다. 또한 스스로 독립적으로 판단할 수 있는 역량도 키울 수 있다.

Q 열심히 대가들의 투자 방법을 듣고 배워도 내 것으로
만들 수가 없어요. 어떻게 해야 할까요?

A **아주 중요한 질문입니다.** 투자뿐만 아니라 모든 분야에서 고민하
고 있는 내용이기도 합니다. 분명 배웠다고 생각했는데 시간이
지나면 기억이 나지 않습니다. 배우는 동안 몇 번씩 연습하면서 어느 정도
스스로 할 수 있겠다는 생각이 들지만, 막상 실전에 들어가면 적용되지 않
습니다. 때로는 자신과 맞지 않는 방법이라고 치부하면서 방법론을 탓하
기도 합니다. 하지만 대다수는 투자법이 자신의 성향과 일치하는지, 스스
로 잘할 수 있는 방법인지에 대하여 충분히 테스트를 하지 않습니다. 스승
으로부터의 가르침을 자신의 것으로 체득하는 방법은 다음과 같습니다.

첫 번째는 배운 방법을 실천해야 합니다. 의외로 배운 방법을 실천하지
않는 경우가 많습니다. 열심히 배우기는 했지만 실제 적용해보는 경우는
의외로 많지 않습니다. 직접 시도해보는 것이 반드시 필요합니다. 또한 시
도하면서 한 번이라도 작은 성공을 경험하는 것이 중요합니다. 작은 성공
을 경험하면 해당 방법의 유용함을 깨닫고 적극적으로 활용하게 됩니다.

두 번째는 반복해야 합니다. 탁구를 배운다고 가정해봅시다. 스매싱이
라는 자세를 익히기 위해서는 동작을 반복적으로 연습해야 합니다. 더 능
숙해지기 위해서는 반복의 횟수와 기간을 늘려야 합니다. 이러한 과정을
거쳐야만 스매싱을 자유롭게 할 수 있게 됩니다. 투자도 마찬가지입니다.
여기서 주의해야 할 것이 있습니다. 단순히 횟수를 채우는 반복이 아니라

올바른 방법으로 반복 훈련을 하는 것이 중요합니다. 그렇지 않으면 잘못된 방법을 익히게 되는 경우가 있습니다.

세 번째는 한 가지에만 집중해야 합니다. 한 가지 방법을 습득하기 전에 자꾸 다른 방법을 찾아 헤매는 경우가 있습니다. 주위에 사람들이 어떤 방법을 통해서 큰돈을 벌었다는 소식이 들리면 그러한 비법을 찾기 위해서 동분서주 합니다. 발견하면 나만의 방법을 내려놓고 새로운 방법을 선택하여 배우기 시작합니다. 많은 사람이 이러한 행동을 반복합니다. 이런 방식으로는 한 가지도 제대로 터득하기 어렵습니다. 이는 나무를 심고 열심히 가꾸다가 열매가 맺히기 직전에 다시 나무를 베어내고 다른 과실나무를 심는 것과 같습니다. 다른 것에 한눈을 팔지 말고 자신이 선택한 것을 온전히 익히는 데 집중해야 합니다.

네 번째는 포기하면 안 됩니다. 익숙해지기 전에 포기하는 사람들이 있습니다. 자신의 것으로 만들어가는 과정에서는 잦은 시행착오 때문에 좋은 결과를 빨리 얻기 어렵다는 것을 기억해야 합니다. 온전히 자신의 것으로 습득한 후부터 원하는 결과를 얻을 수 있습니다. 조급함을 내려놓고 인내하는 것이 필요합니다.

다섯 번째는 습관으로 만들어야 합니다. 반복적인 실천을 통하여 단기간에 방법을 터득할 수 있습니다. 하지만 그러한 행동이 습관으로 길들여질 때까지는 자신의 것으로 만들었다고 할 수 없습니다. 시간이 지나면 다시 잊어버리고 본래대로 되돌아갈 수 있습니다. 습관을 유지하려면 생각

과 가치관의 변화가 일어나야 합니다. 투자 방법을 자신의 것으로 만들기 위해서는 반복학습을 통해서 몸으로 습관화시키는 과정과 함께 자신이 가진 철학과 생각이 변화되어야 합니다. 장기투자와 단기투자의 차이는 단순히 방법론으로 나뉘지 않습니다. 투자자와 트레이더가 가진 사상과 철학의 차이가 그러한 방법론을 지속가능하게 합니다. 자신이 가진 철학과 생각을 변화시키기 위해서는 관련된 책을 읽거나 영상 등을 반복적으로 시청하는 것이 도움이 됩니다. 이러한 과정을 통해서 의식적 혹은 무의식적으로 생각과 가치관을 변화시킬 수 있습니다.

Q 자녀들을 위한 금융 조기교육은 어떻게 하고 있나요?

A **한마디로 자본주의를 가르쳐줍니다.** 간혹 자본주의라는 단어가 어렵게 느껴질 수는 있지만 간단하게 정의하면 자본이 지배하는 세상이라고 말할 수 있습니다. 자본주의에서는 돈이 돈을 버는 구조를 갖춘 사람들만이 경제적인 자유를 누릴 수 있습니다. 스스로의 노동만으로는 수입을 창출하는 데에 한계가 분명하고 노후를 준비하기 어렵습니다. 가르친다는 것은 지식을 전달해주는 것뿐만 아니라 실제 보여주고 같이 해야 합니다. 그래야만 아이들이 실제 자신의 것으로 체득하고 느낄 수 있습니다.

저는 자녀들에게 계좌를 만들어서 증여를 했습니다. 그리고 자녀들과 함께 주식 종목을 선정하였습니다. 자녀들과 주식투자를 하면서 서로 상의하고 대화하는 과정을 통해서 투자에 친숙함을 느끼게 하는 것이 중요합니다. 또한 자녀들이 원하는 기업들을 아주 쉽게 고를 수 있도록 이끌어줘야 합니다. 게임을 좋아하는 아이에게는 게임 관련 주식을 몇 종목 추천해주어서 그중에서 종목을 고를 수 있도록 해줍니다. 종목에 관련하여 추천 이유, 제품들을 소개해주면서 아이들이 스스로 이해할 수 있도록 도와줍니다. 어린 시절에 영어에 꾸준히 노출되면 자연스럽게 영어를 잘하게 될 수 있는 것처럼 투자도 동일하다고 판단하고 있습니다.

그렇게 하기 위해서는 부모도 열심히 공부하고 준비하는 것이 필요합니다. 부모의 관심과 노력만큼 자녀들이 성장할 수 있다고 봅니다.

참고로 자녀에게 증여한다면 국세청에 신고해야 합니다. 미성년일 경우 2000만 원까지 세금을 내지 않습니다. 성년은 5000만 원까지 가능합니다. 태어날 아이를 위해 혹은 미취학 아동에게 계좌를 만들어주고 싶다면 이영빈 저자의 《우리 아이를 위한 부의 사다리》를 추천합니다.

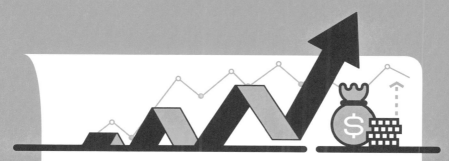

8 ^장

슈퍼개미의
새로운 비상,
스타트업
대표가 되다

LESSON
MON

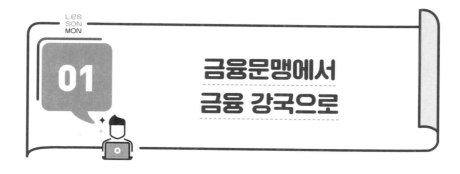

금융을 아는 것은 단순히 개인의 부를 증대시키는 것으로 끝나지 않는다. 전 국민의 금융 지식 수준이 높을수록 국가 전체가 소유하는 부의 크기가 늘어난다. 미국이 세계 최강국으로 발돋움한 중요한 이유 중 하나는 뛰어난 금융시스템을 보유하고 있기 때문이다. 자산은 복리의 효과에 힘입어 눈덩이처럼 불어난다. 미국은 대다수의 국민이 이러한 효과를 피부로 느끼고 자산 증식에 힘을 쏟고 있다. 워런 버핏, 존 템플턴 같은 훌륭한 투자자들의 소식을 들으면서 자연스럽게 투자를 접한다. 미국은 전 세계 주요 기업들의 지분을 확보하여 막대한 배당수익을 얻는다.

국내 1위 기업인 삼성전자의 경우 외국인의 지분율은 54.5%(2021년 03월 29일 기준)에 달한다. 삼성전자의 연간 순이익의 절반 이상이 외국인의 소유가 된다고 볼 수 있다. 물론 삼성전자는 글로벌 기업이기에 외국인의 지분율이 높은 것은 당연하다. 일본의 1위 기업 사정도 비슷하다. 그렇다면 우리나라는 해외에 얼마나 투자하고 있을까. 우리나라의 해외 투자금액은 여타 선진국과 비교해 그 규모가 현저히 적다.

국민들의 금융지식 수준이 높아질수록 해외로부터 국부를 획득할 수 있는 확률도 커진다. 국내 투자회사들이 양적, 질적으로 한 단계 도약해야 글로벌 금융전쟁에서 국가를 지키고 보호할 수 있다. 지금이라도 금융을 익히고 배워야 한다. 금융문맹에서 벗어나야 한다. 전 국민이 금융과 투자를 배우면서 성장할 때 금융 강국으로 도약할 수 있다. 또한 국민이 부를 증식시키는 원리를 배울수록 노년 빈곤으로부터 벗어날 수 있다.

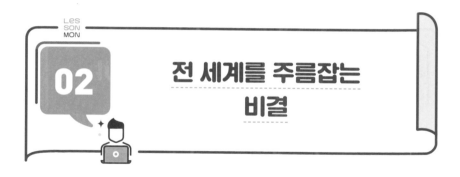

전 세계를 주름잡는 비결

파인스타트 아카데미[Fine start academy]는 대한민국 국민들이 금융문맹을 벗어나고 금융의 소중함을 익히고 배울 수 있도록 설립했다. 유대인은 어린 시절부터 철저하게 금융에 대해 교육시키고 관리한다. 유대인이 전 세계를 주름잡는 비결은 바로 교육에 있다. 파인스타트 아카데미[Fine start academy]는 유대인의 정신을 이어받아 교육을 통해 개개인의 변화를 추구한다. 현재 초·중·고등학생뿐만 아니라 대학생과 성인들을 위한 맞춤형 교육도 진행하고 있다.

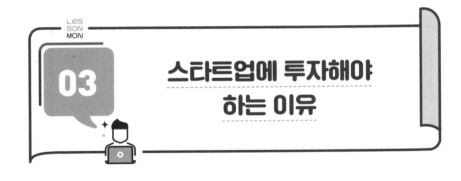

스타트업에 투자해야 하는 이유

    스타트업에 투자한다는 것은 꿈의 기울기에 투자하는 것이라고 생각한다. 나는 꿈의 기울기가 큰 곳에 투자하고자 한다. 스타트업의 미래 모습은 창업자의 꿈 크기와 비례한다. 물론 목표가 클수록 달성할 가능성은 낮아질 수 있다. 원대한 목표와 높은 성장 가능성이 지닌 기업에 매력을 느낀다. 나는 기관에서 돈을 받아 투자하지 않는다. 내가 운영하는 회사의 자금으로 투자한다. 그렇기 때문에 단순히 원금을 보존하기 위한 방법으로 스타트업에 투자하지 않는다. 창업자와 함께 최고의 성공을 거두기를 원한다. 대한상공회의소 조사에 따르면 한국에서 창업한 스타트업의 5년 차 생존율은 29.2%에 불과하다. 스타트업 창업 후 5년 이내에 70%가량이 폐업한다. 본래 스타트업 생존율은 희박하다. 열 곳에 투자하면 한두 곳에서 대박 나고 서너 곳에서 원금을 확보하고 나머지는 잃게 된다. 스타트업의 투자는 적게 잃느냐에 달려있는 것이 아니라 얼마나 크게 버느냐에 달려 있다.

스타트업은 1인기업과 같다고 생각한다. 창업자의 역량이 사업의 성패를 좌우하는 결정적인 요소이기 때문이다. 비즈니스 모델도 창업가가 만든다. 유능한 직원을 고용하는 것도 창업자의 몫이다. 자금도 창업자가 조달해야 하고, 사업의 방향도 창업자가 수립해야 한다. 중요한 의사결정도 모두 창업가의 몫이다. 이제 성장하기 시작하는 스타트업의 경우는 창업자만을 보고 투자한다고 해도 과언이 아니다. 창업자를 판단할 때는 열정, 인성, 전문지식, 커뮤니케이션 역량 등을 고려해서 투자를 선택해야 한다. 창업자의 역량 중에 어떤 분야의 역량은 부족해도 된다. 다만 팀원을 통하여 부족한 부분이 보완이 되는 지를 유심히 살펴봐야 한다.

세계적인 투자자 빌 그로스[Bill Gross]는 TED 강연에서 스타트업 성공의 핵심 요소를 설명했다. 그는 아이디어, 팀 구성, 비즈니스 모델, 자금, 타이밍 중 스타트업 성공의 가장 중요한 점을 꼽으라면 타이밍이라고 강조했다. 회사가 훌륭한 아이디어, 유능한 팀원, 탁월한 비즈니스 모델, 투자자금을 모두 확보했다고 해도 시기가 맞지 않으면 사업은 실패할 수 있다는 것이다. 이는 사업뿐만 아니라 주식투자에서도 마찬가지다. 정확한 때를 파악하여 투자하는 것이 필수다.

◆ **스타트업 성공의 5가지 핵심 요소**

| 아이디어 | 팀 구성 | 비즈니스 모델 | 자금 | 타이밍 |

출처: 빌그로스 TED 강연

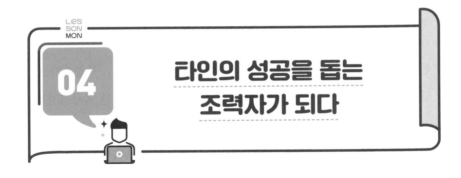

스타트업이 활성화될수록 그 나라의 미래는 밝다고 생각한다. 21세기 한 나라의 국부는 기업의 경쟁력으로 결정된다고 할 수 있다. 대한민국에서 세계를 이끌어나가는 우수한 기업가들이 많이 배출되기를 소망한다.

나는 사업가를 존경한다. 기업을 경영하는 것은 자신의 일생을 걸고 노력하는 것이다. 결코 쉬운 일이 아니다. 창업기업은 창업자의 도전정신, 피와 땀의 결합으로 만들어진다. 창업자들이 자신의 소망을 성취하기 위해 열심히 노력한 과정은 결국 사회에 공헌하는 결과를 만든다. 창업자가 흘린 땀과 노력의 결정체가 시장에서 인정받아 성공하면 창업자들은 큰 부를 얻게 된다. 그 과정에서 양질의 일자리가 창출되어 많은 사람이 소득을 얻는 기회를 제공받게 된다. 수출을 많이 하는 기업이라면 외국에서 자본을 유입시키는 역할까지 맡게 된다.

나는 다수의 스타트업 기업에 투자하면서 그들의 성공을 돕는 조력자가 되고자 노력해왔다. 그들이 성공하면 투자자인 나에게도 큰 성과가 돌아온다. 함께 기뻐하고 행복할 수 있는 이유가 바로 이것이다.

하지만 이는 단순히 스타트업 투자에만 적용되지 않는다. 타인의 성공을 위해 돕다 보면 자연스럽게 자신도 성공하는 모습을 볼 수 있다. 타인도 나의 성공을 위해서 돕게 된다. 또한 그들이 성장할수록 나도 자연스럽게 성장하게 된다. 나는 이러한 말을 마음에 새기고 싶다.

"주는 만큼 성장한다."

Q 주식투자자에게 추천하는 책이
있으신가요?

A **필자가 추천하는 10권의 책을 다음과 같이 정리했습니다.** 간단하
게 저의 의견을 적었으니 살펴보고 마음에 드는 책부터 읽어도
좋습니다.

◆《시장의 마법사들》이레미디어

> 저자 **잭 슈웨거**
>
> 의견 월스트리트 최고의 베스트셀러 작가이자 헤지펀드 전문가인 잭 슈웨거의 책입니
> 다. 성공한 트레이더들의 투자 기법을 소개함으로써 주식을 싸게 매수하고 비싸게
> 매도하는 매매 전략을 터득할 수 있도록 해줍니다.

◆《현명한 투자자》국일증권경제연구소

> 저자 **벤자민 그레이엄**
>
> 의견 워런 버핏의 스승이자 가치투자의 아버지로 불리는 벤자민 그레이엄의 책으로 투
> 기가 아닌 투자로서의 접근 방법을 알려주고 있습니다.

◆《투자는 심리게임이다》미래의창

> 저자 **앙드레 코스톨라니**
>
> 의견 유럽의 전설적인 투자자로 불리는 앙드레 코스톨라니의 저서입니다. 주식시장은
> 인간의 심리를 빼놓고는 설명할 수 없으며, 투자의 승패는 심리에 의해 결정된다
> 고 해도 과언이 아닙니다. 인간 심리에 대한 깊은 통찰을 담고 있는 책입니다.

◆ 《고레카와 긴조》 이레미디어

> `저자` **고레카와 긴조**
>
> `의견` 일본 주식시장에서 투자의 신으로 불리는 고레카와 긴조의 저서입니다. 그의 인생 전체를 통해서 투자자가 갖추어야 할 마음가짐을 배울 수 있습니다. '넝마주 비법' '거북이 삼원칙' 등 투자 비법과 함께 주옥 같은 명언들을 통해서 투자의 정수를 배울 수 있습니다.

◆ 《거래의 신, 혼마》 이레미디어

> `저자` **혼마 무네히사** `편저자` **이형도**
>
> `의견` 일본 에도시대를 대표하는 제일의 거상인 혼마 무네히사의 저서입니다. 캔들 차트가 왜 만들어졌는지 그 이유를 설명해줍니다. 캔들을 보는 수준의 깊이를 한 단계 높은 차원으로 이끌어줍니다.

◆ 《최고의 주식, 최적의 타이밍》 굿모닝 북스

> `저자` **윌리엄 J 오닐**
>
> `의견` 월가 최고의 투자 전략가로 손꼽히는 윌리엄 오닐의 저서입니다. 독자적으로 개발한 CAN SLIM 기법을 통하여 상승하는 종목들의 특징이 무엇인지 알려줍니다. 기술적 분석과 기본적 분석을 병행하는 투자 전략을 배울 수가 있습니다.

◆ 《주식시장의 마법사들》 이레미디어

> `저자` **잭 슈웨거**
>
> `의견` 월스트리트 최고의 베스트셀러 작가이자 헤지펀드 전문가인 잭 슈웨거의 책입니다. 성공한 트레이더들의 투자법을 관찰하면서 자기만의 투자 기법을 정립할 수 있는 기회를 얻을 수 있습니다.

◆《김우중과의 대화》북스코프

> 저자 **신장섭**
>
> 의견 과거 대우그룹을 재계 2위로 키운 김우중 회장의 저서입니다. 사업가의 꿈을 키우는 계기가 되었으며, 세상을 보는 시야를 넓혀주고 도전 정신이 무엇인지를 알려주는 책입니다.

◆《시련은 있어도 실패는 없다》제삼기획

> 저자 **정주영**
>
> 의견 저자 정주영은 대한민국을 대표하는 현대그룹의 창업자입니다. 흙수저 출신의 사업가가 기업을 일으키기까지 피와 땀을 흘렸던 과정을 엿볼 수 있습니다. 최선을 다한다는 것과 강한 의지가 무엇인지 가르쳐줍니다.

◆《나는 120살까지 살기로 했다》한문화

> 저자 **이승헌**
>
> 의견 세계적인 뇌교육자로 알려진 이승헌 총장의 저서입니다. 남은 인생을 어떻게 살아가야 하는지 성찰하는 계기를 제공해줍니다. 스스로 과거를 돌아보면서 앞으로 살아갈 삶에 대한 방향을 계획하게 도와줍니다.

책 외에도 투자에 유용한 사이트를 정리하였습니다. 즐겨찾기에 추가해서 사용하는 것을 권합니다.

투자에 도움이 되는 사이트

◆ **금융감독원 전자공시시스템(dart.fss.or.kr)**

공시 의무를 지닌 상장기업이 발표하는 정보를 실시간으로 확인할 수 있습니다. 상장기업의 사업보고서 등 다양한 정보를 제공합니다. 기업의 정보를 알 수 있는 보물창고입니다.

◆ 한국IR협의회(www.kirs.or.kr)

기술분석보고서, 산업분석보고서, IR 설명회 자료 등을 서비스로 제공하고 있습니다. 기술분석보고서의 경우 약 2,000개 정도의 보고서가 발간되어 있으며 외부에서 정보를 찾기 힘든 중소형주 기업들의 분석보고서를 상당수 검색할 수 있습니다.

◆ 한경컨센서스(consensus.hankyung.com)

각 증권사의 애널리스트들이 분석한 리포트, 투자 의견, 목표 주가 등을 하나로 모아서 서비스를 제공하고 있습니다.

◆ 에프엔가이드 상장기업분석(comp.fnguide.com)

상장기업의 사업현황, 지분현황, 투자지표, 컨센서스, 재무요약 등의 다양한 기업 정보를 제공하고 있습니다.

◆ 인베스팅닷컴(kr.investing.com)

글로벌 금융 정보를 한눈에 볼 수 있다. 환율, 외환, 원자재, 주식, 비트코인 등의 실시간 시세를 제공합니다. 또한 최신 뉴스뿐만 아니라 기술적 분

석 자료까지 볼 수 있습니다.

◆ 딥서치(www.deepsearch.com, 일부 무료)

상장기업 뿐만 아니라 비상장기업에 대한 상세 정보를 제공합니다. 상장기업의 경우 10년치 재무제표를 무료로 볼 수 있기 때문에 유용하게 쓸 수 있습니다. 또한 그 외에 산업분석, 경제지표 등의 정보 등을 제공합니다.

◆ KOSIS 국가통계포털(kosis.kr)

투자자에게 필요한 주요 통계 정보를 제공하고 있습니다. 경기종합지수, 설비투자지수, 주택·건설 지표, 수출입통계, 인구통계 등을 확인할 수 있습니다.

◆ 한국은행 경제통계시스템(ecos.bok.or.kr)

KISIS와 마찬가지로 경제지표 및 통계를 제공해주고 있습니다. 주로 100대 통계지표를 많이 사용하며 경제성장률, GDP수치, 실업률, 통화량, 주택 매매, 전세 가격 등을 확인할 수 있습니다.

Q 슈퍼개미는 어떤 습관을 가지고 있나요?

A 필자가 그동안 만났던 슈퍼개미들 보면서 10가지 공통점이 있다는 것을 알았습니다. 아주 작은 습관이 종국에는 큰 성공을 가져올 수 있습니다. 슈퍼개미가 되고 싶다면 그들의 습관을 보고 익히기를 바랍니다.

필자가 만났던 슈퍼개미들의 특징 10가지

- 성실하고 부지런합니다.
- 근검절약이 몸에 배어 있습니다. (간혹 아닌 사람도 있습니다.)
- 쌓아온 인맥을 통하여 양질의 정보를 수집합니다.
- 자신의 주장을 펼치기보다는 타인의 이야기에 귀 기울여 듣고 수용합니다. (간혹 아닌 사람도 있습니다.)
- 리스크 관리를 잘합니다. 현금 비중을 상황에 맞게 조절합니다.
- 자기만의 투자 방법을 만들어서 고수합니다.
- 일상생활에서 투자의 기회를 발굴합니다.
- 꾸준한 운동을 통해서 건강관리를 철저히 합니다.
- 신문, 독서 등을 통하여 끊임없이 공부를 합니다
- 멘탈 관리를 잘합니다.

　　수백억 원에서 수조 원의 자산을 보유한 다수의 슈퍼개미들을 만나면서 그들이 가지고 있는 공통적인 특징을 정리해보았습니다. 누구나 할 수 있는 일이지만 꾸준히 하는 것은 아무나 할 수 없습니다. 부디 습관으로 만들어 이 책을 읽는 독자들도 슈퍼개미가 되길 간절히 바랍니다.

스스로 역량을 키우는 것,
반드시 해야 한다!

"주식투자에는 왕도가 없다." 어떠한 방법도 성공을 보장할 수는 없고 최선을 다한다고 하더라도 실패할 수 있다. 하지만 적어도 성공적인 투자자가 되기 위한 효과적인 방법들은 존재한다. 주식투자를 하는 것은 사업을 하는 것과 동일하게 생각하라고 강조하고 싶다.

사업의 핵심은 '재생산'이다. 즉 동일한 품질의 제품을 지속적으로 생산해야 하며 이러한 시스템을 갖추는 것이 필요하다. 어떤 경우에 생산한 물건의 품질은 우수하고 어떤 경우에는 품질이 좋지 않은 제품이 나온다면 소비자들은 외면하게 된다. 주식도 마찬가지이다. 단 한 번 대박의 종목을 찾았다고 하더라도 그러한 종목을 지속적으로 발굴할 수 없다면 성공은 지속될 수 없다. 필연적으로 실패하게 된다. 재생산의 핵심은 반복적으로 결과를 낼 수 있는 역량을 쌓아가는 것이다.

여러 분야의 대가들이 공통적으로 강조하는 말이 있다. "돈을 벌려고 하지 말고 돈이 따라오도록 하라." 이 말에는 중요한 의미가 담겨있다. 어떤 방법을 사용하더라도 돈을 벌겠다는 생각으로만 노력하다 보면 재생산의 측면을 무시하게 된다. 일확천금을 노리기도 하고 가능성이 희박한 일에도 쉽게 도전하게 된다.

결국 성공하기도 쉽지 않을뿐더러 성공했다 하더라도 지속가능하지 않은 경우가 많다. 그것을 만들어낼 수 있는 역량이나 능력을 바탕으로 벌어들인 수익이 아니기 때문이다. 돈이 따라오도록 하는 사람은 그것이 반복될 수 있도록 재생산하는 능력을 키우는 사람이다. 나 자신의 역량을 키우는 것이야말로 돈이 따라올 수밖에 없도록 만드는 비결이다.

하지만 이러한 접근법에는 단점이 존재한다. 빠른 시간 안에 부자가 되기가 힘들며 오히려 지루한 시간을 견뎌내야 한다는 것이다. 고층 탑을 쌓기 위해서는 지반을 단단히 해야 하는 것처럼 지금 당장 성과가 나오지 않는 일들을 보면서 묵묵히 견뎌야 하는 것이다. 이러한 시간들이 쌓여서 결국에는 재생산이 가능한 능력을 만들어주는

것이다. 사람들이 보기에 느린 것 같지만 역설적으로 가장 빠른 길이
기도 하다. 빠르게 부자가 되려고만 애쓰지 말고 천천히 성공한 사람
들의 행동과 모습을 따라 하다 보면 어느새 지속적으로 높은 수익을
올리고 있는 자신을 발견하게 될 것이다.

'슈퍼개미 배진한TV'
주요 콘텐츠

01

슈퍼개미 차트 강의

기술적 분석에 꼭 필요한
차트와 보조지표 강의

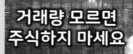

02

증시전망 LIVE

전문가와 함께 현재 가장 핫한 이슈를
다루는 증시 전망 LIVE

03

종목 리포트

시장을 주도할 트렌드와
관련 기업에 관한 상세한 분석

04

투자 이야기

각 분야의 전문가와 함께 투자와 관련된
각종 인사이트를 공유하는 시간

투자를 잘한다는 것

초판 1쇄 발행 2022년 1월 30일
초판 4쇄 발행 2023년 7월 31일

지은이 배진한

펴낸곳 ㈜이레미디어
전화 031-908-8516(편집부), 031-919-8511(주문 및 관리)
팩스 0303-0515-8907
주소 경기도 파주시 문예로 21, 2층
홈페이지 www.iremedia.co.kr　**이메일** mango@mangou.co.kr
등록 제396-2004-35호

편집 심미정, 정슬기　**디자인** 황인옥　**마케팅** 김하경
재무총괄 이종미　**경영지원** 김지선

ISBN 979-11-91328-46-2 03320

* 가격은 뒤표지에 있습니다.
* 잘못된 책은 구입하신 서점에서 교환해드립니다.
* 이 책은 투자 참고용이며, 투자 손실에 대해서는 법적 책임을 지지 않습니다.

당신의 소중한 원고를 기다립니다.
mango@mangou.co.kr